PSYCHOLOGICAL CHARACTERISTICS OF
BOARD SECRETARIES
AND INFORMATION DISCLOSURE QUALITY

董秘心理特征与信息披露质量

戴水君 ◎ 著

中国财经出版传媒集团
经济科学出版社
Economic Science Press
·北京·

图书在版编目（CIP）数据

董秘心理特征与信息披露质量 / 戴水君著. -- 北京：经济科学出版社, 2025.4. -- ISBN 978-7-5218-6954-5

Ⅰ. F276.6

中国国家版本馆 CIP 数据核字第 2025K306V8 号

责任编辑：王红英
责任校对：齐　杰
责任印制：邱　天

董秘心理特征与信息披露质量

DONGMI XINLI TEZHENG YU XINXI PILU ZHILIANG

戴水君　著

经济科学出版社出版、发行　新华书店经销
社址：北京市海淀区阜成路甲 28 号　邮编：100142
总编部电话：010-88191217　发行部电话：010-88191522
网址：www.esp.com.cn
电子邮箱：esp@esp.com.cn
天猫网店：经济科学出版社旗舰店
网址：http://jjkxcbs.tmall.com
固安华明印业有限公司印装
710×1000　16 开　15.25 印张　200000 字
2025 年 4 月第 1 版　2025 年 4 月第 1 次印刷
ISBN 978-7-5218-6954-5　定价：68.00 元
(图书出现印装问题，本社负责调换。电话：010-88191545)
(版权所有　侵权必究　打击盗版　举报热线：010-88191661
QQ：2242791300　营销中心电话：010-88191537
电子邮箱：dbts@esp.com.cn)

谨以此书献给上市公司董秘同仁们！致敬守护资本市场的专业担当！

序 言 一

在中国资本市场全面深化注册制改革、构建投资者友好型制度体系的关键历史节点，信息披露制度的战略价值正经历革命性重塑。作为上市公司法定的信息披露事务负责人和直接责任人，董事会秘书这一角色的治理效能与心理特质，已成为破解信息披露质量迷局的重要密码。本专著《董秘心理特征与信息披露质量》的出版，恰逢中国资本市场制度创新与新加坡管理大学（SMU）建校 25 周年的双重历史坐标，其学术价值与社会意义更显深远。

作为 SMU 践行"学术卓越与社会影响并重"办学理念的典范之作，本书植根于戴水君博士在 SMU-浙江大学 DBA 项目中完成的创新性研究。作者凭借其 10 余年资本市场实务积淀，创造性融合高阶理论、认知心理学与制度分析框架，开创性地构建了"心理特征—履职行为—信息质量"的三维分析模型。这一跨学科研究范式突破传统公司治理研究的局限，将研究视角从制度设计维度拓展至决策者心理层面，为信息披露质量研究开辟了新的理论疆域。

本研究采用问卷调查与深度访谈相结合的研究方法，采集逾 400 位董秘的详实数据，并基于年报文本可读性、投资者互动平台披露质量与 ESG 信息披露三项指标，构建起强制性—半强制性—自愿性信息披露的实证分析框架，填补了以董秘为研究主体的实证研究空白。

在实践维度，本研究为资本市场监管创新提供了精准施策的依据：建议监管机构建立心理胜任力评估体系，完善信息披露责任人考核机制；倡导上市公司构建心理特质与岗位要求的匹配模型，优化董秘激励相容机制；提出通过认知训练提升董秘群体履职能力的职业化发展路径。这些建议对于正在推进的注册制改革具有重要参考价值。

作为 SMU－浙江大学国际合作项目的标志性成果，本书完美诠释了"知行合一"的教育哲学。戴水君博士将本土实践智慧与国际前沿理论熔铸创新的研究路径，为商科博士培养提供了成功范式。值此 SMU 银禧校庆之际，这部兼具学术严谨性与实践洞察力的著作，既是研究者献给资本市场监管现代化的思想献礼，更是国际学术界理解中国公司治理实践的重要窗口。

是为序。

张连栋

新加坡管理大学李光前会计学讲席教授

会计学院候任院长

2025 年 4 月

序　言　二

纵观世界发展的历史，一条基本的历史经验是，大国崛起得益于金融体系的有力支撑，资本市场在其中发挥了独特而关键的重要作用。经济发展、技术革命与资本市场的兴盛相伴相生，高质量的会计信息是资本市场有效运转的基础设施。历史地看，英国1720年的南海公司事件以及美国1929年的股市大崩溃均与以高质量的会计信息披露为核心的管制框架尚未成型有关。2023年2月，中国证监会正式启动全面注册制改革，对于促进我国资本市场高质量发展具有重大里程碑意义。目前，中国多层次资本市场体系已初步建立，以全面注册制推进上市、交易、退市、再融资和并购重组等系列制度的创新，其中的关键是以信息披露为核心，要求发行人确保信息披露真实、准确、完整与及时。

习近平总书记指出，金融监管要"长牙带刺"、有棱有角，金融监管部门和行业主管部门要明确责任，加强协作配合。在市场准入、审慎监管、行为监管等各个环节，都要严格执法，实现金融监管横向到边、纵向到底。近年来，"严监管"和"零容忍"已成为资本市场的关键词，打击证券违法活动工作不断加码。随着新"国九条"出台和资本市场"1+N"政策体系逐步落地，监管层突出强本强基、严监严管，始终坚持"长牙带刺"，以强有力的行政执法工作护航资本市场高质量发展。董事会秘书作为法定的信息披露直接责任人，在高质量信息披露和资本市场有效运转中扮演着最为重要的关键角色。

　　董事会秘书的工作职责主要包括推动公司治理、信息披露、投资者关系管理、资本运作等。董事会秘书的本质使命是担当上市公司的价值使者，即如何有效地将公司的内在价值向资本市场加以正确地传递与表达。在这一传递与表达的过程中，企业内在价值的"化实为虚"和市场价值的"化虚为实"便是董秘工作的精髓、要义与指南。然而，长期以来，一个悬而未决的学术与实践问题便是，董事会秘书如何以及在多大程度上影响了上市公司的信息披露质量。欣慰的是，戴水君博士的专著《董秘心理特征与信息披露质量》首次打开了这个学术与实践"黑箱"。本书通过对400余位A股上市公司董事会秘书进行问卷调查与深度访谈，取得董秘的价值观、社会公理、认知风格、风险态度、人格特质、主动性人格等心理特征数据，以及工作满意度、工作自主权、个人声誉、履职环境等信息披露实践数据，实证检验了董秘心理特征对信息披露质量的影响效应。

　　戴水君博士系上市公司优秀的资深董秘，具有广泛的同行影响力；她亦为SMU–浙江大学企业家学者（DBA）项目学员，本书是在其工商管理博士（DBA）学位论文基础上修订而成的创新性研究成果。基于她丰富的资本市场实践经验与DBA学术训练，本书开创性地构建了"心理特征—履职行为—信息质量"的理论与实证研究框架，本书的研究结论具有重要的学术价值、监管含义与实践意义。

　　是为序。

韩洪灵

浙江大学管理学院教授、博士生导师

财政部企业会计准则咨询委员会委员

2025年4月

序　言　三

在资本市场中,"信息披露"已成为一个老生常谈却又常谈常新的话题。你是否想过,这些公告、年报、ESG 报告背后,其实站着一个个有血有肉的"人"?他们是谁?——董事会秘书,这群手握信息披露决策权的关键角色,并非冰冷的制度执行机器。浙江大学企业家学者—新加坡管理大学戴水君博士进行了系统性考察,她的研究像一台心理 CT 机,首次扫描了 400 多位 A 股董秘的价值观、认知风格、人格特质等,通过实证分析得出有趣发现:年报读起来像天书?互动平台回复慢半拍?ESG 报告写得像广告?这些问题背后,很可能藏着董秘的"心理密码"。

现有文献多将信息披露行为简化为制度约束下的机械性产出,但戴水君博士的研究指出另一种视角:制度是骨架,人才是血肉。通过问卷调查和深度访谈,甚至挖出了五位"金牌董秘"的信息披露哲学,戴水君博士的创新性研究成果,为深化注册制改革提供了多维度的理论支撑与实践指导,主要的突破体现在:一是建立了首个上市公司董秘心理特征数据库,为研究高管行为提供了崭新的数据支持;二是创建了信息披露质量的双维度评价体系,同时考察了制度合规性和决策者行为特征。戴水君博士的研究从理论与实践层面,为注册制改革下的信息披露制度优化与行为监管提供了多维支撑，促进了信息披露质量的迭代升级。

梁嘉仪

香港中文大学心理学系教授

政务与政策科学学院教授

全球研究课程主任

2025 年 4 月

前言

资本市场是信息驱动的市场，信息披露是资本市场运行的根基。当前，中国资本市场正全面推进"以信息披露为中心"的注册制改革，董事会秘书作为 A 股上市公司法定的信息披露事务负责人和直接责任人，在信息发布和传递中起着举足轻重的作用。

本书立足"全面实施注册制"和"建设以投资者为本的资本市场"的时代背景，通过对 400 余位 A 股上市公司董事会秘书进行问卷调查，以及对 5 位资深优秀董秘的深度访谈，取得董秘的价值观、社会公理、认知风格、风险态度、人格特质、主动性人格等心理特征数据，以及工作满意度、工作自主权、个人声誉、履职环境等信息披露实践数据。在此基础上，基于"强制性—半强制性—自愿性"信息披露框架，聚焦年报管理层讨论与分析（MDA）文本可读性、投资者互动平台披露质量以及环境、社会、治理（ESG）信息披露三个方面，实证检验了董秘心理特征对信息披露质量的影响效应。

本书研究结果由问卷访谈结果和基于问卷数据的回归分析结果两部分组成。

问卷调查和深度访谈结果显示：第一，作为 A 股上市公司治理关键角色的董秘职群，其职业化程度和学历水平较高，履历专业、经验丰富、年富力强，普遍在公司兼任重要职务。第二，多数董秘持集体主义价值观和系统型认知风格，风险态度中性，具有较强责任感，相信努力付出就有回报；重视个人声誉，认可自身工作意义和工作能力，工作自主权大、工作满意度高。第三，信息披露与投资者关系管理是董秘的核心职责，沟通能力与学习能力是董秘的核心能力，影响信息披露质量的关键因素分别为：专业背景（个人层面）、董事长或实控人支持（公司内部）及监管要求（外部环境）。第四，数字化转型、跨部门协同、全球化经营以及国有企业绩效考评体系等对信息披露的影响作用，以及信息披露引领行业发展等访谈观点，为新形势下理解信息披露的影响因素及经济后果提供了新的视角。

实证研究结果表明：第一，A 股上市公司董秘的心理特征对公司信息披露质量存在显著影响，年报文本可读性受董秘的价值观、社会公理及风险态度影响显著；投资者互动平台回复率主要受董秘的认知风格、风险态度以及人格特质（宜人性、开放性）影响；ESG 信息披露质量则与董秘的价值观、社会公理、认知风格、主动性人格以及人格特质（宜人性、责任感、开放性）显著相关。第二，董秘心理特征对信息披露的影响强度存在梯度差异，董秘特征对自愿性信息披露（如 ESG）的影响显著强于半强制性和强制性信息披露，原因可能在于自愿性披露赋予决策者更高的自主裁量空间，故个人特征更易通过行为影响结果。第三，异质性检验发现，董秘心理特征对信息披露质量的影响存在产权性质和信息披露决策独立性的异质性差异。

以上研究结果表明，选择合适的董事会秘书对提升上市公司信息披露质量具有重要意义。研究结论对丰富高管特征经济后果以及信息披露影响因素等文献具有一定理论意义；同时，对于现实中投资者甄别上市公司、董秘提升履职能力、上市公司与董秘"双向选择"以及资本市场优化信息披露制度和监管实践也有较为重要的现实意义。

本书提出如下政策建议：第一，优化信披考核机制。在"以投资者为本"大背景下，建议监管部门在现有上市公司信息披露考核体系基础上，增加文本可读性、互动平台回复质量、ESG披露等量化指标，并引入投资者与利益相关方反馈权重；公开考核方法与过程，提升透明度。第二，聚焦信息披露本质实施考核。监管部门对信息披露保持客观、中立立场，避免将公司经营绩效与信披质量直接挂钩，防止企业为获得更优秀的评级而迎合监管喜好，选择性披露或隐瞒负面信息，确保考核客观性。第三，厘清董秘权责边界。建立和完善权责边界清晰、赏罚分明的董秘履职保障和声誉评价机制，防止界限不清的无限连带追责导致董秘职群逆向选择、劣币驱逐良币。第四，推进董秘职业化建设。加快培养职业化董秘队伍，提升董秘职群的专业能力和职业素养，更好发挥董秘这一特殊治理角色在监管实践、公司治理和资本市场中的正向作用。

目录

第1章 导论 1
1.1 研究背景与研究意义 1
1.2 研究目标与研究内容 11
1.3 研究方法与全书框架 13
1.4 本书贡献 16

第2章 制度背景与理论基础 18
2.1 制度背景 18
2.2 理论基础及分析 28

第3章 文献综述 36
3.1 财务会计领域个人特征的经济后果 36
3.2 信息披露质量的影响因素 41
3.3 董秘特征与信息披露质量 42
3.4 文献述评 45

第 4 章　理论分析与研究假设 …… 48
4.1　价值观与信息披露质量 …… 50
4.2　社会公理与信息披露质量 …… 53
4.3　认知风格与信息披露质量 …… 55
4.4　风险态度与信息披露质量 …… 58
4.5　人格特质与信息披露质量 …… 60
4.6　主动性人格与信息披露质量 …… 63

第 5 章　问卷和访谈设计、样本特征及结果分析 …… 66
5.1　问卷设计 …… 66
5.2　问卷的发放与回收 …… 83
5.3　问卷具体分析方法 …… 84
5.4　问卷综合统计结果及分析 …… 84
5.5　访谈基本情况 …… 122

第 6 章　实证研究分析 …… 127
6.1　研究设计 …… 127
6.2　描述性统计 …… 134
6.3　主回归结果分析 …… 137
6.4　稳健性检验 …… 147
6.5　异质性分析 …… 156

第 7 章　结论与展望 …… 169
7.1　主要研究结论 …… 169
7.2　政策建议 …… 171
7.3　研究局限与展望 …… 173

参考文献 …………………………………………… 176
附录一　董事会秘书与信息披露问卷调查 ………… 193
附录二　访谈提纲及回复概要 …………………… 209
凭着爱，情怀不老
　　——代后记 ………………………………… 219

第1章 导　论

1.1　研究背景与研究意义

1.1.1　研究背景

资本市场是信息驱动的市场，信息披露是资本市场运行的根基。高质量的信息披露，既有助于外部投资者公平获取信息，也能对企业内部的机会主义行为形成约束（Ascioglu et al., 2012；卜君和孙光国，2018）。高质量的信息显示来源于专业的信息披露者（徐泽林等，2021）。在中国，董事会秘书作为唯一由法律明确规定负责所在上市公司信息披露的高管（卜君，2022），是被制度化后的信息发布者（毛新述等，2013），也是公司信息披露事务的负责人和直接责任人，在信息发布和传递中起着举足轻重的作用。当前，随着"以信息披露为中心"的注册制全面实施，资本市场对信息的要求正从过去主要满足监管要求的"合规性"逐步向满足投资者需求的"有效性"提升，"这一改革下，直接从事信息披露工作的董秘，工作挑战更大，角色更为吃重"[1]。作为披露者的上市公司及其董事会秘书如何既合规又有效地进行信息披露，以满足和平衡投资者、监管者、利益相关方等不同市场参与方对信息的需求，无论是对资本市场减少信息不对称、保护中小投资者权益、提升资源配置效率，还是对上市公司完善内部治理、实现高质量发展都意义重大，也是中国建设"以投资者为本的资本市场"[2] 能否达成、注册制改革是否成功的重要衡量指标。

深圳证券交易所《董秘信息披露手册》（2015）指出，"作为上市公司贯彻信息披露政策法规的关键人，董事会秘书是否勤勉尽责、能否有效履职，直接关系着上市公司的透明度和规范运作水平"；上海证券交易所在其定期组织的董秘任职培训中，将董秘定位为"首席合规官、首席护民官、首席外交官"。那么，董事会秘书对于上市公司的信息透明度和规范治理真的如此重要吗？现有文献研究表明，公司高管的个人特征会影响他们的行为决策，进而影响所在公司的行动和绩效，那么作为上市公司负责信息披露的法定高管，董秘的个人特征，特别是可以反映董秘价值观和认知的心理特征对所在公司的信息披露质量是否以及如何产生影响、会产生怎样的影响？这是本书拟研究的问题。

1. 制度背景

（1）信息披露制度之于资本市场具有特殊重要性。

信息披露制度是资本市场的基础性制度，是资本市场运行的根基。由于资本市场存在严重的信息不对称、实力不对等以及利益集

---

[1] 《2023 董秘价值报告》：发布于 2023 年第 6 期《新财富》杂志，第 12～23 页。
[2] 2024 年 1 月 24 日，中国证监会相关人员在接受媒体采访时表示要"建设以投资者为本的资本市场"，这是中国官方首提"以投资者为本"理念。

中且有明显的涉众性等特点①（黄江东，2022），所以需要公开、充分的信息披露来减少信息不对称，降低道德风险和逆向选择，保证市场平稳、有序运行。当前，中国资本市场正处于从"核准制"向"注册制"跨越、全面注册制刚刚实施的特殊关键时期，注册制改革作为资本市场牵一发而动全身的"牛鼻子工程"（肖钢，2020），其基本特点正是"以信息披露为中心"②，"落实信息披露为中心的改革理念是注册制改革的灵魂和纽带"③。注册制以信息披露为核心的特点，决定了其比核准制更强调信息披露质量（周友苏和杨照鑫，2015）。可见，完善信息披露制度、提升信息披露质量之于新兴加转轨时期的中国资本市场尤为重要。

（2）董秘制度之于A股上市公司信息披露具有特殊重要性。

信息披露的质量不仅取决于所披露信息本身的质量及信息传播中介的信息解读水平，还取决于信息披露者自身的履职情况（姜付秀等，2016）。作为信息传播的起点，披露者的履职情况对信息披露的质量有着更为直接且关键的作用（姜付秀等，2016；毛新述等，2013；卜君，2022）。在中国，作为法定的上市公司信息披露负责人，董秘职责的履行情况直接从源头上影响信息披露质量（卜君，2022）。

---

① 原载于2020年2月10日《中国证券报》，https：//www.cs.com.cn/xwzx/jr/202002/t20200210_6024013.html。

② 2019年6月28日，证监会负责人就"设立科创板并试点注册制有关问题"答记者问时表示："注册制是一种不同于审批制、核准制的证券发行监管制度，它的基本特点是以信息披露为中心，通过要求证券发行人真实、准确、完整地披露公司信息，使投资者可以获得必要的信息对证券价值进行判断并作出是否投资的决策，证券监管机构对证券的价值好坏、价格高低不作实质性判断。"

③ 中国证监会在2013年11月22日的新闻发布会上表示，将从三方面推进注册制改革，包括落实信息披露为中心的改革理念，推动监管转型、发挥市场在资源配置中的决定性作用，以及加强监管执法。其中，"落实信息披露为中心的改革理念"被认为是注册制改革的"灵魂和纽带"。

实践中，董事会秘书在履行上市公司"信息发布者"职责时，确实也起着直接和至关重要的作用：一方面，上市公司内部信息若触发披露条件，需在第一时间报告给董秘，由董秘对信息进行专业评估、筛选、判断后对披露文件进行整合、撰写、审核或提交审议，再以临时公告或定期报告等形式披露、传递给信息接收者；另一方面，董秘同时也是上市公司的投资者关系负责人，其在履行投资者关系职责时需对已经公开的信息进行解读和传播，与投资者进行进一步的交流沟通，这实际上是信息披露工作的深化和延续，因此董秘在信息传递中依然会起到直接或间接的作用；另外，董秘还可以通过信息披露、投资者交流等，持续地传播公司价值、展示公司形象，这有助于逐步筛选出与公司志同道合、适合公司风格的投资者，意味着其对信息接收者如何理解信息也会产生一定的影响。可见，董秘作为公司的信息发布者在信息传递中起着举足轻重的作用，其专业背景、沟通协调能力、职业操守甚至情感状态等，都有可能影响投资者的决策（毛新述等，2013）。

特别地，董事会秘书作为中国特色的公司治理角色，在A股市场承担着特定的信息披露责任，作为首席披露官和信息提供者，其处理的是叙述性信息而不是财务数据（Brown et al.，2019；Sun et al.，2023），而文本的组织和呈现是信息披露的关键环节，由于语言结构所导致的报告可读性差异直接关系到信息能否被准确理解（Raghunandan & Rajapakse，2007）。与主要负责财务数据的财务总监不同，实务工作中董秘需对公司整体信息披露工作及后果负责：一方面，需将财务总监提供的"客观定量"的财务数据整合至信息披露文件如年报中，并将财务信息在相应章节转换成相应的文本描述信息，帮助投资者看到财务数据背后的公司经营逻辑；另一方面，其直接负责生成披露文件中的其他非财务信息如对公司战略、未来前景、经营风险以及环境、社会、治理等（ESG）信息的文本描述，可见，文本信息"主观定性"的特征，带来董秘在信息披露中有较大的自由裁量权，而通常"自由裁量权"会在更大程度上受到个人层面因素如心理特征的影响。

2. 现实背景

（1）A股上市公司信息披露质量两极分化。

现实中，上市公司披露的信息质量良莠不齐：沪深交易所2022~2023年[①]的上市公司信息披露考核结果显示，在总共4 872家上市公司中，信息披露优秀的共885家（18.17%），良好的3 284家（67.41%），合格的562家（11.54%），另有141家（2.89%）公司被评不合格，连续3年优秀的共423家，占比8.68%。从图1-1所示的沪深交易所2021~2023年上市公司信息披露评价结果分布看，信息披露评价各等级分布比例在年度之间总体上比较稳定。但是，在以"投资者需求"为导向的新形势下，监管者视角下的交易所信息披露评价体系及其结果是否体现上市公司信息披露质量的全貌？对投资者决策的价值如何？这是值得探讨的问题。

信息披露也是上市公司违法违规的重灾区。据统计，因信息披露违规，2021~2023年沪深交易所出具监管函或监管警示分别为620份、686份和613份；而2021~2023年被中国证监会立案调查的上市公司中，也有超过七成的公司是因为信息披露违规，违法情

---

① 2023年8月4日，沪深交易所再次修订了各自的《信息披露工作评价指引》。沪市2023年信息披露工作的考评期为2022年7月1日至2023年6月30日，深市考评期为2022年5月1日至2023年6月30日。此后，沪深交易所的年度信息披露评价期间将统一为上年7月1日至当年6月30日。

形表现为信息披露不真实、不准确、不完整、不及时、不规范等，2021～2023年因此受到证监会警告并处罚款或市场禁入等行政处罚的董事会秘书分别为54名、67名和57名；而若将证监会行政监管措施、交易所自律监管措施一并纳入统计，则2021～2023年受处分的董秘分别高达295名、416名和481名，呈逐年上升态势。近年来，更有因违规披露、不披露重要信息构成刑事犯罪的，如獐子岛、康美药业等案。

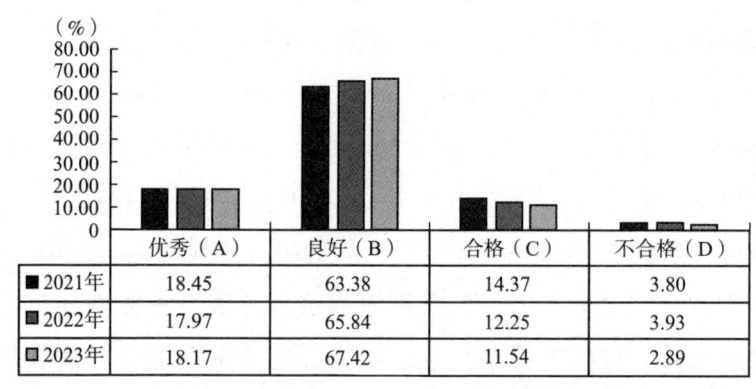

	优秀（A）	良好（B）	合格（C）	不合格（D）
2021年	18.45	63.38	14.37	3.80
2022年	17.97	65.84	12.25	3.93
2023年	18.17	67.42	11.54	2.89

图1-1　沪深交易所2021～2023年上市公司信息披露质量评价结果分布

也就是说，A股市场上既有自上市以来连续十多年信息披露获优秀评价的优等生①，也不乏信息披露质量低劣以至于被"剥夺"信息披露直通车权限甚至锒铛入狱者。到底是什么原因造成上市公司信息披露质量"冰火两重天"、差距悬殊呢？作为上市公司信息披露负责人的董秘，其个人之于信息披露质量是无能为力还是大有可为？这个问题值得探究。

---

① 如本书深度访谈的4名董秘所在上市公司均为连续十多年或自上市以来连年获得交易所信息披露质量A级评价。据统计，连续6年以上获交易所A级评价的上市公司在A股市场占比不到4%。

（2）"建设以投资者为本的资本市场"这一时代背景对信息披露质量提出更高要求。

2020年3月新《中华人民共和国证券法》（以下简称《证券法》）的实施，一方面标志着我国资本市场"严刑峻法""强责任"时代的到来；另一方面其将"信息披露"独立成章，对信息披露的要求也在此前"真实、准确、完整、及时、公平"基础上，增加"简明清晰、通俗易懂"以及"自愿披露与投资者作出价值判断和投资决策有关的信息"等要求，意味着除了越发严厉的合规性要求外，在"以投资者为本"的新理念下，自愿性信息披露以及信息披露的可读性、互动性、有效性等符合"决策有用性"的信息正日渐得到重视。2020年10月，国务院发布《关于进一步提高上市公司质量的意见》，从六大方面作出17项部署，旨在提升上市公司质量，其中"提升信息披露质量"作为"提高上市公司治理水平"的两大抓手之一，被专门提出；2024年1月，证监会首次发布《关于全面深化资本市场改革加快建设以投资者为本的资本市场的实施意见》，在过去主要强调资本市场"融资"功能的基础上，转向提出资本市场建设要"以投资者为本"以扭转长期以来对资本市场功能定位本末倒置的状况，而实现这一目标的重要路径便是"加强信息披露和投资者保护"，这对上市公司的信息透明度提出更高要求；2024年4月，国务院发布中国资本市场第三个"国九条"即《关于加强监管防范风险推动资本市场高质量发展的若干意见》，再次强调"严格上市公司持续监管""加强信息披露和公司治理监管"。立法层面的高规格、政策层面的高要求，更加凸显做好上市公司信息披露工作对于转型期的中国资本市场具有特殊重要性。

另外，随着中国资本市场高水平对外开放新格局的加速形成，国际机构投资者通过合格境外机构投资者（qualified foreign institutional investor，QFII）等进入中国市场，A股投资者来源逐渐呈现全球化、国际化趋势，事关上市公司可持续发展的环境、社会和治理等非财务信息成为这些投资者和利益相关方关注的热点，境外投资者对于反映企业内在价值及未来经营情况的ESG信息更加敏感（巴曙松等，2023）；新"国九条"也明确提出"健全上市公司可持续信息披露制度"。如何准确理解和披露ESG信息，对上市公司以及董秘个人的认知能力和综合素质等提出了更高要求。

基于以上制度和现实背景，本书提出"董秘心理特征与信息披露质量影响关系"这一研究问题。具体而言，本书将立足"全面实施注册制"和"建设以投资者为本的资本市场"这一时代背景，通过对现任或曾任A股上市公司董事会秘书的人士进行问卷调查及深度访谈，运用成熟的心理学量表，取得殊为难得的董秘价值观、社会公理、认知风格、风险态度、人格特质、主动性人格等心理特征数据，以及董秘的工作满意度、工作自主权、沟通能力、个人声誉、日常信息披露工作中所面临的内外部环境因素等与有效履职密切相关的实务数据，并基于"强制性—半强制性—自愿性"信息披露这一路径，从定期报告管理层讨论与分析文本可读性、投资者互动平台回复率以及ESG信息披露三个方面，较为全面系统地实证检验董秘个人心理特征对信息披露质量的影响效应。

1.1.2 研究意义

米歇尔·汉隆等（Michelle Hanlon et al.，2022）通过全面系统集中的会计档案研究，审查涵盖了包括经理、董事、审计合伙人、分析师、财务顾问和投资者等对会计研究感兴趣的广泛人群，以了解个人特征对财务报告、信息披露、税务规划、审计以及企业社责任等广泛会计现象的系统影响。其核心结论强调了个人特征的重要性，认为"个人层面的因素显著提高了人们解释与预测公司、行业、市场层面因素之外的会计现象的能力"，表达了"在可行的情况下，强调未来实地、调查和实验研究的机会"的期望。

本书研究对象正是与资本市场息息相关、在中国上市公司扮演特殊治理角色的董事会秘书的个人特征，以问卷和访谈为主的研究方法也突破了档案研究范畴，恰巧呼应了以上作者提出的"强调未来实地、调查的机会"，具有较为重要的理论和现实意义。

1. 理论意义

（1）丰富高阶理论等关于个人决策者特征与经济后果方面的研究。

"个人特征"方面，本书通过问卷和访谈取得一手资料，突破了过去个人特征数据较难获得的障碍，以"心理特征"和以一、二手资料相结合进行的实证研究，在一定程度上弥补现有财务会计领域关于个人特征的研究主要以"人口统计学特征"作为个人特征的替代变量和以档案研究为主这一局限。

（2）丰富信息披露及其影响因素方面的数据和文献。

一方面，对信息披露质量的研究，从年报文本可读性、投资者互动平台回复率和 ESG 信息披露三个维度进行考察，涵盖了强制性、半强制性、自愿性信息披露，较为系统和全面；另一方面，本书从 A 股董事会秘书这一对中国资本市场有特殊重要作用的个体层面出发，充分考虑董事会秘书的职业特点，运用心理学成熟量表设计专业问卷，通过问卷调查、深度访谈等方式，既取得了董秘个性化的价值观、认知等心理特征数据，也获得了董秘视角下上市公司内外部信息披露环境等实务数据，如信息披露决策机制、履职动机、工作自主权、工作满意度等，这为本领域的研究提供了过去较难取得的增量信息，丰富了信息披露影响因素方面的文献。

（3）丰富 ESG 信息披露质量及其影响因素方面的文献。

ESG 信息披露是当前学界和业界共同关注的课题，但目前对 ESG 信息披露的较多研究集中在其经济后果方面，对披露动机的研究较少具体到个人特征。鉴于目前 ESG 信息对绝大多数 A 股上市公司属于自愿性披露，企业是否以及如何披露 ESG 报告很大程度上取决于公司内部决策者的个人偏好。本书提示了上市公司内部 ESG 信息披露的决策方式，以及董秘在推动 ESG 披露方面的作用，实证检验了董秘心理特征对 ESG 信息披露质量的影响作用，丰富了 ESG 信息披露影响因素方面的研究文献。

2. 实践意义

（1）对投资者，因董秘是上市公司信息披露和投资者关系负责人，是投资者了解上市公司的窗口和桥梁，董秘特征在一定程度上反映了其所在上市公司的特征，故本书可以为投资者透过董秘特征了解和甄别上市公司进而作出投资决策提供一定参考。

（2）对上市公司和董秘，可为上市公司聘任董秘、董秘寻得"志同道合"职业发展平台，也即为上市公司与董秘进行"双向选择"提供适当参考；或可进一步拓展研究构建董秘胜任力模型，对董秘"扬长避短"提升自身履职能力等人力资源管理实践具有一定现实意义。

（3）对监管部门，为监管机构更好从市场视角理解其信息披露质量评价体系，从而将投资者需求、二级市场投资者对信息披露质量的反馈、利益相关方诉求等纳入信息披露考核评价指标，进一步完善信息披露评价制度以及下一步建立独立的 ESG 信息披露质量评价体系提供参考；同时，提示监管部门应更加重视董秘之于中国资本市场的特殊治理作用，推动建立权责清晰、赏罚分明的董秘履职保障和声誉评价制度等。

1.2　研究目标与研究内容

1.2.1　研究目标

基于以上制度和现实背景，根据高阶理论（Hambrick & Mason, 1984），行为主体履职情况是其个体动机与能力相互匹配转化为特定结果的过程。董秘作为上市公司负责信息披露的高管，其个人特征以及履职时的动机、态度如何？是否以及会如何影响公司的信息披露质量？在前人针对信息披露质量影响因素大量研究的基础上，本书以高阶理论、信息论与信息加工理论等为基础，通过问卷调查及深度访谈对中国A股上市公司董秘职群展开调研，实现以下研究目标：

（1）通过问卷调查和深度访谈取得董事会秘书这一A股上市公司治理重要角色的价值观、社会公理、认知风格、风险态度、人格特质、主动性人格等心理特征的一手数据，以及董秘履行信息披露职责时的态度、动机、履职的内外部信息环境因素等实务数据，基于对这些特征和因素的深入分析，"窥一斑而知全貌"考察当前A股上市公司整体的信息环境。

（2）实证分析这些具有鲜明个人烙印的心理特征是否影响董秘的信息披露决策，以及是否作用于其所在公司信息披露质量，从源头上寻找影响信息披露质量的关键因素。

（3）系统梳理中国信息披露制度、董秘制度，在实证研究的基础上提出完善信息披露质量考核体系、董秘履职保障及评价制度的政策建议，为投资者甄选上市公司、监管部门"分类监管"、上市公司和董秘"双向选择"以及董秘扬长避短、提高自身履职能力提供一定参考，并推动董秘岗位胜任力模型的构建，力促董秘声誉评价机制的建立。

1.2.2 研究内容

本书共分为7章。

第1章为导论，在介绍研究背景和意义的基础上，阐述了研究目标和研究内容，介绍了研究方法和论文框架，提出本书的主要贡献。

第2章为制度背景与理论基础，首先梳理了信息披露制度和董事会秘书制度的沿革、背景，突出董事会秘书制度是极富中国特色的治理机制，是制度移植后在中国的成功实践；其次介绍了本书最重要的两个理论基础即高阶理论、信息论和信息加工理论，为本书后续分析提供理论支撑。

第3章为文献综述，从高管特征主要是财务会计领域个人特征的经济后果、信息披露质量的影响因素、董秘特征与信息披露质量影响关系三方面进行文献综述，为下文的实证研究奠定基础。

第4章为理论分析与研究假设，从心理学、管理学以及财务会计领域文献角度对价值观、社会公理、认知风格、风险态度、人格特质、主动性人格等进行解释、分析、度量，结合资本市场实践提出研究假设。

第 5 章为问卷和访谈设计、样本特征及结果分析，对董秘问卷统计结果进行描述以及深度分析，对访谈内容进行归纳总结。

第 6 章为实证研究分析，回归分析董秘个人心理特征与信息披露质量之间的影响关系，包括研究设计、描述性统计、主回归分析、稳健性检验和异质性分析。

第 7 章为结论与展望，归纳本书主要结论、研究局限，提出政策建议，以及未来研究方向等。

1.3 研究方法与全书框架

1.3.1 研究方法

本书采用文献归纳法、问卷调查法、访谈法、档案研究法等展开研究，且做到定性研究与定量分析相结合。

1. 文献归纳法

通过文献学习和资料分析，本书深入了解了有关高管特征特别是价值观、社会公理、认知风格、风险态度、人格特质、主动性人格等心理学方面的知识与测量方法，系统回顾了资本市场制度背景、信息传递、信息披露影响因素等方面的理论和研究成果，深入学习和归纳了董秘特征与信息披露质量方面的文献。

2. 问卷调查法

问卷调查是一种基于特定样本进行信息搜集的方法，研究者希望以此为基础得出关于样本总体的定量化描述（梁建和谢家琳，2008）。[①] 作为人力资源、应用心理学、组织行为学中常用的研究方法，其通常有两个用途：一是了解和描述某个特殊群体的态度和行为；二是进行假设检验，即研究者将研究问题转化为一系列具体变量，恰当地进行测量，以准确判断变量之间的关系。

本书采用问卷调查法，既以描述性统计对 A 股上市公司董秘这一特殊群体的个人特征及工作相关的态度、行为进行描述，较清晰地展现董秘如何看待自身工作、履职动机以及履职时所面对的可能影响其决策的内外部因素，又使用现有成熟量表对董秘的心理特征变量进行测量，再运用统计软件验证理论模型和研究假设，实证检验其个人特征与所在公司的信息披露质量这一因变量之间的关系。

3. 访谈法

访谈法是研究者通过与研究对象的交谈来收集有关对方心理特征与行为的数据资料的研究方法（王重鸣，2001），是心理学研究中运用最广泛的研究方法之一。本书在问卷调查的基础上，选取 5 名优秀董秘[②]进行半结构访谈。访谈结果作为调查问卷的补充，一是通过不同董秘的思考和实践更全面理解信息披露工作；二是提炼优秀董秘的共性，以丰富信息披露质量及其影响因素研究领域来自实践视角的文献。

4. 档案研究法

由于问卷调查法不可避免地存在"共同方法变异""自我修

[①] 引自陈晓萍和沈伟主编的《组织与管理研究的实证方法》，其中第 7 章《实证研究中的问卷调查法》由梁建和谢家琳撰写。北京大学出版社，2018 年 7 月第三版。

[②] 本书选取访谈对象的标准为：近五年中任意三年获得交易所信息披露 A 级评价的上市公司董秘、中国上市公司协会认证的 5A 董秘或"新财富"金牌董秘等。

饰动机"等缺陷，因此本书研究中仍应考虑多来源数据综合法，即除了来自问卷调查的"自我报告数据"，仍通过档案研究收集包括人口统计学特征在内的"非自我报告的数据"。关于董秘部分特征的"非自我报告数据"主要来自上市公司公开披露的高管个人信息，信息披露质量的评定也来自公开数据。即本书研究期望通过档案研究法对问卷调查法进行补充，增强问卷调查的有效性。

1.3.2 全书框架

全书框架如图1-2所示。

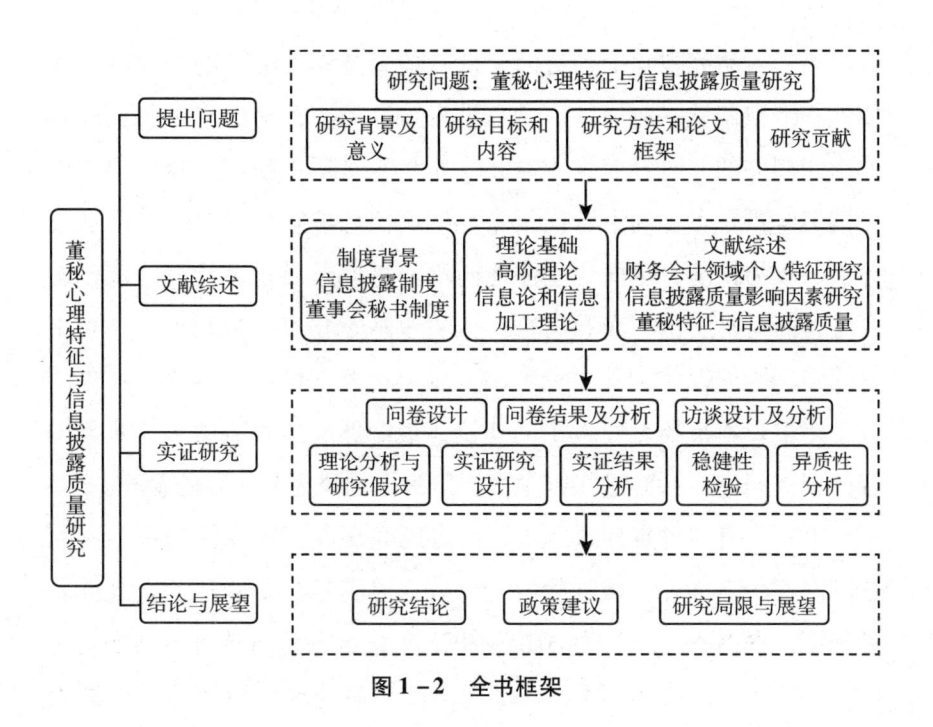

图1-2 全书框架

1.4 本书贡献

本书研究可能的贡献主要体现在以下三方面。

第一，研究方法上，已有基于高阶理论对个人特征的研究，主要以人口统计学特征来替代"较难考察和衡量的心理过程"，本书以对上市公司董秘直接进行调研和访谈，并借助心理学成熟量表设计专业问卷，首次获得一手的、直接的、较为全面的董秘个人心理特征数据，既对问卷内容进行了深度分析，也以一、二手数据相结合的方式进行了实证检验，突破了过去本领域以二手数据为主的研究方法。

第二，研究视角上，对因变量"信息披露质量"的衡量沿"强制性—半强制性—自愿性"信息披露路径展开，聚焦与董秘实际工作密切相关的非财务信息主要是文本信息披露的研究，从年报文本可读性、投资者互动平台回复率、ESG信息披露质量三个方面展开分析，较为系统、全面、立体地衡量信息披露质量，具有一定创新之处；而对自变量"董秘特征"则更多从董秘实践视角展开，特别是问卷问题的设计，既是笔者本人多年董秘工作实践的提炼，也听取了诸多资本市场专业人士的建议，最终形成了涵盖学术与实务内容的调查问卷，这对过往以学术视角为主的研究是较好的补充。

第三，研究时点和重点上，已有研究多在证券发行的审核制和核准制背景下展开，该阶段的信息披露以满足行政监管的合规性要求为主，本书研究跨度为2012~2023年，这一期间涵盖了核准制阶段（2012~2019年6月）、核准制向注册制跨越阶段即注册制试点阶段（2019年6月~2023年4月）以及全面实施注册制阶段（2023

年 4 月 10 日之后），立足于核准制向注册制跨越这一特殊关键的时代背景，突出全面注册制后信息披露以及与此相对应的信息披露质量评价应"以投资者为本"，符合"以投资者需求为导向"。本书用于衡量信息披露质量的文本可读性、互动平台回复率以及 ESG 信息披露质量均在一定程度上体现注册制下信息披露应更加关注"有效性"以及信息之于投资者的"决策有用性"要求。

第 2 章
制度背景与理论基础

2.1 制度背景

2.1.1 信息披露制度

1. 概念界定

信息披露是指上市公司以招股说明书、上市公告书、定期报告、临时公告等形式，把公司的相关信息向投资者和社会公众公开披露的过程（洪金明，2021）。作为解决信息需求者与生产者之间信息不对称问题的重要工具，信息披露影响和决定着资本市场的有效程度及社会资源的配置效率（杨红和杨淑娥，2007）。相应地，信息披露制度即是规定上市公司在股票发行、上市和交易过程中，依法向公众发布公司相关信息，以供投资者投资参考的一整套法律制度和活动规则（陈华敏等，2022）。作为证券市场"三公"原则之首要原则"公开"的法律规则化体现（王从容和李宁，2009），信息披露制度是"证券市场的灵魂"。完整的信息披露制度体系包括首次发行信息披露制度、持续性信息披露制度和法律责任及救济制度三个部分（杨郊红，2005）。

从信息是否为证券监管部门强制要求披露的角度看，信息披露可分为强制性信息披露和自愿性信息披露。美国财务会计准则委员会（FASB）将自愿性信息披露定义为："上市公司主动披露的而非公认会计准则和证券监管部门明确要求的基本财务信息之外的信息。"形成完备性、系统性的信息披露体系，离不开强制性信息披露和自愿性信息披露的相辅相成（于鸿和李睿，2023）。

本书研究的信息披露质量特指公司上市后的持续性信息披露质量。根据沪深交易所《股票上市规则》，上市公司持续性信息披露的具体内容主要有定期报告、临时公告和社会责任报告（ESG报告）。其中，定期报告为监管部门强制要求披露，单独的ESG类报告目前多属自愿性披露[①]，临时公告若达到法定披露条件则为强制性信息披露，其余临时公告可归类至自愿性信息披露范畴。

2. 发展历程

"阳光是最好的防腐剂"，信息披露制度就是资本市场的阳光（黄江东，2022）。从国内外证券发展史看，证券市场的规范总是随着信息披露制度的建立而完善（曾斌和金祥慧，2022）。信息披露制度作为完整法律制度的确立发生在美国，1933年通过的美国《证

[①] 中国上市公司ESG信息披露基本框架始于2018年证监会在《上市公司治理准则》增加环境保护与社会责任的内容。2021年，证监会《发行证券公司信息披露内容和格式指引第2号——年度报告内容和格式》，在定期报告中新增《环境和社会责任》章节，明确所有上市公司需强制披露社会责任章节。2024年4月12日，沪深北交易所发布《上市公司可持续发展报告指引》，强制要求报告期内持续被纳入上证180、科创50、深证100、创业板指数的样本公司以及境内外同时上市的公司应当最晚在2026年首次披露可持续发展报告。目前纳入该范围的共457家公司，其余公司仍为自愿披露。

券法》对信息的首次披露进行规定，1934年《证券交易法》对持续信息披露进行规定，这两个法律的颁布实施以及随后成立的美国联邦证券交易委员会（SEC），标志着美国证券市场信息披露法律制度的初步形成，也奠定了美国现代资本市场监管体系的基础。之后，以2002年的《萨班斯—奥克斯利法案》（Sarbanes‐Oxley Act，SOX）为标志，美国SEC将信息披露的要求范围扩展到财务报告之外，即"全面披露"。2009年，为回应投资者持续高涨的关于"信息有用性"呼声，SEC围绕信息披露"有效性"再次修订了相关法律法规。可见，美国信息披露也经历了从合规到有效的过程。经过多年发展，美国资本市场信息披露监管体系呈现三大特征：一是严密完善的法律制度，二是严谨详尽的披露规则，三是严厉明确的法律约束（李国运，2007）。

作为资本市场改革的关键抓手，中国信息披露制度的建立和完善经历了四个阶段[①]，分别是：

第一阶段：1990年沪深交易所成立后至1992年前的初创阶段。上市公司的信息披露行为主要由一些地方性法律和部门规章、自律规则规定。

第二阶段：1992~2001年的发展阶段。特别是2000年12月中国证监会颁布《关于完善公开发行证券的公司信息披露规范的意见》指出，"集中精力、完善信息披露的规范已成当务之急。目标是形成一个公开透明、纲目兼备、层次清晰、易于操作、公平执行的信息披露规范体系"。之后，我国上市公司信息披露制度在探索和创新中迅速发展和完善。

[①] 相关文献通常分为前三个阶段，如《我国股票市场的信息披露规范历程分析》一文，https://www.zcaijing.com/zbsctzgl/235537.html。本书作者根据当前实际，增加了第四阶段。

第三阶段：2001~2019年的成熟与完善阶段。基本建立了一套适应中国国情的信息披露和监督制度，初步形成以基本法规为主体，以相关行政法规、部门规章和自律性规范为补充的全方位、多层次信息披露制度框架。

第四阶段：2020年以来，以新《证券法》实施为标志。为配合全面注册制的推行，中国证监会于2021年3月修订《上市公司信息披露管理办法》，沪深交易所在2020~2024年连续四次修订《股票上市规则》以及系列指引。

经过这一系列对信息披露法律法规的全面梳理、整合和完善，目前已经形成由法律、行政法规、部门规章与规范性文件、自律性规范四个层次组成的全方位、多层次的"中国上市公司信息披露制度体系"。

沪深交易所还按照《股票上市规则》对上市公司的信息披露工作进行年度评价。其中，深交所自2001年起即对外公布信披评价结果，上交所自2014年开始对上市公司进行信息披露质量考核[①]。2023年8月4日，沪深交易所进一步更新完善并基本统一了上市公司信息披露工作评价机制。

综上所述，中国信息披露制度是在借鉴吸收海内外有益经验的基础上逐渐完善的。从近几年特别是注册制改革以来的立法趋势看，中国的信息披露体系已逐步与境外成熟市场接轨，并表现出一定的中国特色。但与境外成熟市场相比，中国信息披露制度在规则体系的完备性、监管体系的有效性、发展生态的完善性方面仍存在完善空间（陈华敏等，2022）。

---

① 但上交所从2017年度开始对外公开沪市上市公司信息披露评价结果。

3. 发展趋势

纵观中国信息披露制度发展历程，自20世纪90年代资本市场成立至2018年科创板设立长达20多年的时间中，证券的发行监管均实行严格的审核制和核准制，监管部门以强烈的"父爱主义"对证券市场进行严苛的实质审核和监管。此阶段，信息披露义务人在披露信息时以取悦、满足监管喜好以便通过审核或不被问询为主要目标。自2019年6月上交所科创板开启注册制试点到2023年2月沪深北三大交易所所有板块实行全面注册制，至少从制度设计的初衷看，注册制下证券的投资价值将由投资者自行判断，"证券监管机构对证券的价值好坏、价格高低不再作实质性判断"，因此信息披露的出发点和落脚点必将随之转向"以投资者需求为导向"。在转型大背景下，信息的披露形式、内容、载体也将呈现新的发展趋势：

第一，从"强制性"向"强制性与自愿性并重"转变。研究表明，自愿性信息披露对降低代理成本和信息不对称程度（Verrecchia，2001）、缓解外部融资约束（姜宾，2023）、正向影响公司股价（王小鹏和史陈菲，2024）等有诸多好处，但中国直到2020年《证券法》才在法律层面首提自愿性信息披露，实践中自愿性信息披露还没有得到普遍重视，发展还很不成熟，特别是像ESG等非财务信息作为投资者作出投资决策的重要依据，无论是数量还是质量都还有很大提升空间。

第二，从"合规性"向"合规性与有效性并重"转变。注册制改革以来，上市公司的数量迅猛增长，"乱花渐欲迷人眼"；而大量IPO企业集中上市后，"好酒也怕巷子深"——要从5 000多家上市公司中脱颖而出，让投资者看见和发现公司的价值，进而作出投资决策，信息的有效性或者说"有用的"信息，以及信息文本能否给投资者带来阅读和理解的便利都变得越发重要。上市公司对信息披露质量的追求势必要从过去以满足监管要求为主的"合规性"向同时满足投资者需求的"合规性与有效性并重"转变，信息披露要实现从"不出错"到"更出彩"的转型。

第三，从"单向输出"向"双向互动"转变。互动式信息披露是指信息需求者与供给者通过沟通、交流，共同参与信息内容生产的披露方式（赵杨和赵泽明，2018），因其涵盖大量反映企业价值和风险的非强制性披露信息而具有更丰富的信息含量（Matsumoto et al.，2011；陈华等，2023），这一形式弥补了投资者被动接受单向信息传递方式的不足，起到舆论治理作用，是公司履行信息披露责任的重要渠道（陈华等，2022），具有非正式制度传递的信息治理效应。并且，这种线上投资者关系互动平台兼具回复投资者提问和信息服务两大功能，使投资者与上市公司的互动交流、信息获取和信息鉴别更加容易，能有效增进利益相关者对其他公开信息的理解，提高个人投资者获取信息的准确性和信息传播的及时性（谭松涛等，2016）。这种模式下，投资者可以直接向上市公司表达诉求，使投资者从信息的接收者变为真正的需求者（张新民等，2021），较好呼应了注册制下上市公司从"投资者需求"出发进行信息披露的要求。

综上所述，提升上市公司信息披露质量是上市公司和资本市场高质量发展的重中之重，是能否真正建立起"以投资者为本"资本市场的关键举措，也是注册制改革能否成功的关键保证。在此大背景下，进一步完善和优化有中国注册制特色的信息披露制度体系、信息披露质量评价体系已然迫在眉睫。在互联网和信息技术变革时代浪潮下，机器学习、数字化技术的应用等对提高信息披露的可读性和有效性、推动"有来有往"的互动交流以及加快 ESG 等自愿性信息披露进程或将大有可为。本书后续的研究，即主要围绕转型大背景下信息披露的这些新情况、新趋势展开。

2.1.2 董事会秘书制度

1. 制度特色

《中华人民共和国公司法》（以下简称《公司法》）总体遵循大陆法系"三会一层"治理模式，但董秘制度的引进则来自英美法系的"公司秘书"。作为"最关键的高级职员"之一，"公司秘书"有着不同于普通文员的特殊职责。

回顾中国董秘制度的发展历程，这个岗位最早出现于 1993 年，彼时内地国企去香港上市需按规定设一名董事会秘书；1996 年上交所发布《上市公司董事会秘书管理办法（试行）》，建立董事会秘书例会制度；之后于 1997 年末中国证监会发布《上市公司章程指引》明确上市公司章程中需设置"董事会秘书"条款，沪深交易所《股票上市公司规则》进一步明确了董事会秘书的任职资格、工作内容、职责要求等。董秘们的"高光时刻"来自 2005 年修订的《公司法》，首次明确规定"上市公司设立董事会秘书，负责公司股东大会和董事会会议的筹备、文件保管以及股东资料的管理，办理信息披露事务等事宜"，并从立法高度明确董事会秘书是上市公司高级管理人员。这是中国第一次以法律形式明确董事会秘书的工作职责以及"高级管理者"地位。也正因为中国董事会秘书要承担这种特殊的法律和监管职责，因此中国董秘在负责信息披露和公司治理等方面比其他国家的"公司秘书"发挥着更重要的作用（Xing et al., 2019）。

之后，以《公司法》为指导，中国证监会《上市公司治理准则》、《上市公司章程指引》、《上市公司信息披露管理办法》以及沪深交易所《股票上市规则》等对董秘的职责权限、任职条件、履职保障等作出多次修订和完善。最新的具体规定如表2-1所示。

表2-1　　　　　　　　　董秘履职的制度保障

规则名称	具体规定
中国证监会《上市公司治理准则》（2018年修订）	第二十八条　上市公司设董事会秘书，负责公司股东大会和董事会会议的筹备及文件保管、公司股东资料的管理、办理信息披露事务、投资者关系工作等事宜。董事会秘书作为上市公司高级管理人员，为履行职责有权参加相关会议，查阅有关文件，了解公司的财务和经营等情况。董事会及其他高级管理人员应当支持董事会秘书的工作。任何机构和个人不得干预董事会秘书的正常履职行为
中国证监会《上市公司信息披露管理办法》（2021年修订）	第三十二条　……董事会秘书负责组织定期报告的披露工作。 第三十八条　董事会秘书负责组织和协调公司信息披露事务，汇集上市公司应予披露的信息并报告董事会，持续关注媒体对公司的报道并主动求证报道的真实情况。董事会秘书有权参加股东大会、董事会会议、监事会会议和高级管理人员相关会议，有权了解公司的财务和经营情况，查阅涉及信息披露事宜的所有文件。董事会秘书负责办理上市公司信息对外公布等相关事宜。 上市公司应当为董事会秘书履行职责提供便利条件，财务负责人应当配合董事会秘书在财务信息披露方面的相关工作
沪深交易所《股票上市规则》（1998年1月实施，2024年4月第15次修订）均设"董事会秘书"专门章节	4.4.1　上市公司应当设立董事会秘书，作为公司与本所之间的指定联络人。公司应当设立由董事会秘书负责管理的信息披露事务部门 4.4.2　董事会秘书对上市公司和董事会负责，履行信息披露、投资者关系、筹备及参加三会、内幕信息保密、关注并求证媒体报道、及时回复交易所问询、组织培训、督促董监高履行承诺、负责公司股票及其衍生品变动管理等职责 4.4.3　上市公司应当为董事会秘书履行职责提供便利条件，董事、监事、财务负责人及其他高级管理人员和公司相关人员应当支持、配合董事会秘书工作……董事会秘书在履行职责过程中受到不当妨碍和严重阻挠时，可以直接向本所报告

从以上董秘制度发展历程可知，中国资本市场引入董秘制度、设置董秘岗位的初心和目的都是围绕改善上市公司信息披露质量、提升上市公司信息透明度、减少资本市场信息不对称进而提高资本市场资源配置效率而展开。一系列法律法规规则的实施，特别是对董秘工作内容职责的界定、对董秘履职条件的保障、董秘空缺应急机制的设立等[1]，凸显了董秘制度和董秘岗位在中国资本市场和上市公司的特殊地位和重要性。

2. 实践发展

在中国资本市场本土化的改革实践方面，董秘们也从未缺席。经过20多年的发展，董秘已然成为中国上市公司治理机制中不可或缺的关键人物。在A股上市公司，董秘们除履行《公司法》规定的会议筹备、信息披露、股权事务、与监管沟通联络等基础工作即担任上市公司合规的"看门人"之外，还承担着投资者关系管理、公司治理、资本运作、市值管理、危机公关等重任，是外界了解上市公司的窗口和桥梁，也是上市公司高质量发展的重要驱动力，被称为"首席新闻发言人""首席公司治理官""首席资本官"等。近年来，诸多第三方机构、媒体每年组织声势浩大的各类"金牌董秘""优秀董秘"评比，更是让董秘职群的社会地位和关注度日渐提高。"新财富"机构作为中国资本市场的标准提供者，每年进行颇有影响力的"金牌董秘"评选，多年来连续发布年度《董秘价值

---

[1] 沪深交易所《股票上市规则》均规定，"上市公司董事会秘书空缺期间，董事会应当及时指定一名董事或者高级管理人员代行董事会秘书的职责并公告，同时尽快确定董事会秘书的人选。公司指定代行董事会秘书职责的人员之前，由公司董事长代行董事会秘书职责。公司董事会秘书空缺时间超过3个月的，董事长应当代行董事会秘书职责，并在6个月内完成董事会秘书的聘任工作"。

报告》。在 2021 年《董秘价值报告》①中，其总结了当下董秘扮演的四种重要角色："其一，面对监管机构，是联系者和责任者；其二，面对投资者和社会公众，是信息的传递者和沟通者；其三，面对公司治理的参与方包括股东、董监高，是治理机制运行的组织者和协调者；其四，面对资本运作各方，是项目筹划者和牵头者。"这一总结恰如其分，是当下上市公司董秘工作定位的真实写照。2023 年《董秘价值报告》则显示了董秘工作的三点新变化，即"高质量信息披露、高频度投关活动、高要求资本运作，并且更注重综合能力的展示"。可见，尽管各种头衔等身，但新形势下信息披露工作不但仍然是董秘最重要、最基础的工作，而且要求更高——更加强调信息披露的"高质量"。

不仅民间机构高度关注董秘职群，具有官方背景的中国上市公司协会（以下简称"中上协"）也于 2023 年 2 月首次对董秘进行履职评价，首期从 5 000 余位上市公司董秘中评定了 150 名"5A 级董秘"和 320 名"4A 级董秘"。其发布的《中国上市公司董事会秘书履职报告（2022）》提出，"从近年市场实践来看，上市公司董事会办公室及董事会秘书工作制度建设已取得了长足进步，董事会秘书们的勤勉尽责为推动上市公司提升规范运作水平、实现高质量发展提供了有效助力"。中上协还宣布每年 12 月 16 日为"中国董秘日"。2023 年 12 月 16 日，该协会再次发布《上市公司董事会秘书履职报告（2023）》表示，"随着资本市场发展逐渐成熟，董事会秘书已成为上市公司治理中的重要角色"。可见，作为制度移植后经受住本土化实践考验的成功典范，董秘已成为中国资本市场重要且极富特色的公司治理角色，董秘制度受到官方和民间、学术界与实

---

① 来源于《新财富》杂志，2021 年第 4 期，第 22~31 页。

务界的广泛关注和重视。

2.2 理论基础及分析

本书主要研究董事会秘书个人特征与信息披露质量之间的影响关系。有别于传统财务会计领域的研究,对个人特征的研究会涉及行为经济学、心理学、管理学等学科的理论。"当经济学遇到心理学,碰撞出的火花将对个人、管理者和决策者产生深远且富有启发性的影响。"[①] 本部分将对本书研究中涉及的高阶理论、信息论和信息加工理论作简要介绍。

2.2.1 高阶理论

传统经济学的两个基本假设是理性人假设和完全信息假设。然而,这两个假设时时受到挑战,正如行为经济学开创者、2017年诺贝尔经济学奖获得者理查德·塞勒说,"主流经济学假设我们都有爱因斯坦一样的智商,计算机一样的记忆力,圣雄甘地一样的意志力"[②]。事实上,市场经济的创立者亚当·斯密在提出"经济人"的同时,就提出了人性的复杂性。1978年诺贝尔经济学奖获得者西蒙教授提出"有限理性"假设并最早产生影响:由于种种原因,人们有理性,但并非完全理性;人们有时理性,有时不那么理性;人们

[①] 《"错误"的行为——行为经济学的形成》,作者是2017年诺贝尔经济学获得者理查德·塞勒,中信出版集团,2018年版。
[②] [美]理查德·塞勒.错误的"行为"——行为经济学的形成[M].北京:中信出版集团股份有限公司,2018.

在有些问题上理性,有些问题上并不理性,即"理性是有限的"。正是由于主流经济学的这种不完善,数学方法确实也不应是研究经济学的唯一方法,所以认为人"不是纯理性人,而是社会人"的行为经济学应运而生——决定人们决策的不仅仅是经济理性,更重要的是由许多因素共同决定的心理因素。个人行为不仅取决于经济激励和可获得的信息,还取决于个人偏好、能力、经验和其他特征。因此,行为经济学将人的因素加入经济学理论中,成为一门融会大量心理学和其他社会科学内容的经济学分支。

高阶理论(Hambrick & Mason, 1984)认为,公司高层管理人员会对其所面临的情境和选择作出高度个性化的诠释,并以此为基础采取行动。高管人员在其行为中注入大量自身特有的经验、性格、价值观等特征,这些特征会影响他们的行为决策,进而影响所在公司的决策、行动和绩效。汉布里克(Donald C. Hambrick)在一篇回顾高阶理论诞生过程的文章[1]中说道:"将高级管理人员的个人偏见转化为其行为的机制是一种信息筛选过程。高阶理论从根本上来说是信息处理理论,它提供了一种系统诠释高层管理人员如何在有限理性的情况下采取行动的途径。"这一途径的设想过程如图2-1所示。

图2-1中,左边所列的是高层管理人员面对的"战略情境",这种情境所包含的现象的数量,远远超出高管人员所能领会的范围。面对这样的战略情境,高管会采用"高层取向",这种高层取向由两大方面组成:一是相互交织的心理因素如价值观、认知、个性等,二是可观测到的经验如年龄、教育、职能背景等。以这

---

[1] 唐纳德·C. 汉布里克:《高阶理论的起源、迂回与教训》,收录在《管理学中的伟大思想》第90~104页,2016年版,北京大学出版社。

样的"高层取向"为基础，通过此后三个步骤的信息筛选，最终产生出高度个性化的"被诠释的现实"。信息筛选的三个步骤是指：受限的洞察力、选择性认知、对已留意到的信息进行权衡和解释。高阶理论的核心结论是：组织中高管人员的部分行为是以其个人特征为基础的。

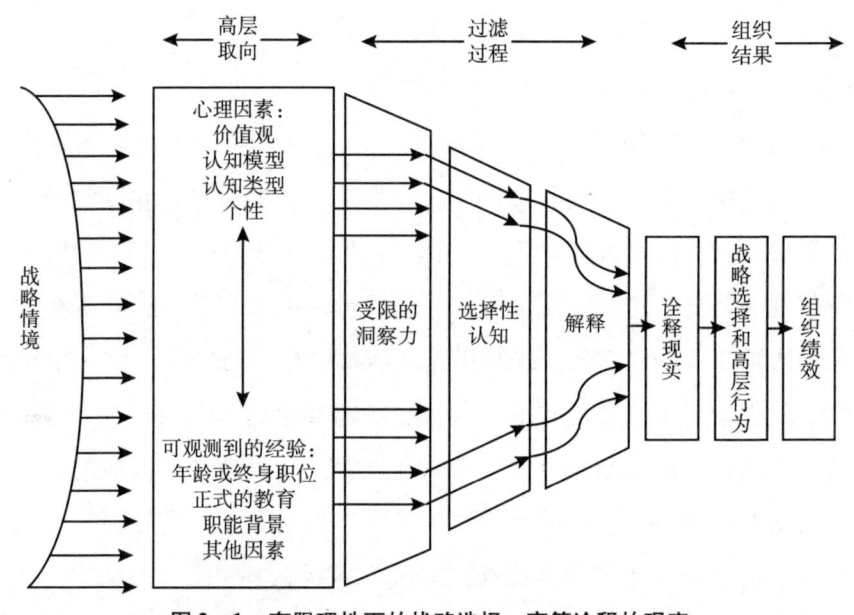

图 2-1 有限理性下的战略选择：高管诠释的现实

资料来源：Hambrick & Mason（1984），Finkelstein & Hambrick（1996）。

此后，高阶理论开发者对该理论进行不断地改进，其中重大改进之一是引入"经理自主权"作为调节变量①，即经理有时对组织影响很大，有时可能根本没有影响，这取决于经理究竟有多大的自

---

① 作者（Hambrick & Mason）在《高阶理论的起源、迁回与教训》一文中提及，相关研究成果以题为《经理自主权：一座连接起组织绩效两极观点的桥梁》的论文发表在1987年的《组织行为研究》（*Research in Organization Research*）上。

主权。自主权增强了高管特征与组织绩效间的关系，自主权高的高管人员取向可以通过组织绩效得以反映，自主权低的则较难反映。

2.2.2 信息论和信息加工理论

信息论之父克劳德·香农（Claude Shannon）于1948年发表了著名文章《通信的数学理论》（*A Mathematical Theory of Communication*），创建了信息时代的理论基础。信息论认为，信息传递的过程是从"信源"发出信息经由一定的"信道"到达"信宿"的过程，信息传递的基本模型如图2-2所示。根据该理论，信息源的信息提供能力和提供意愿、信息接收者的信息接收能力和接收意愿等都会对信息传递效率产生直接影响（Shannon，1948；周建等，2018）。信息论最早应用于通信领域，但如今已被广泛应用于各个领域。

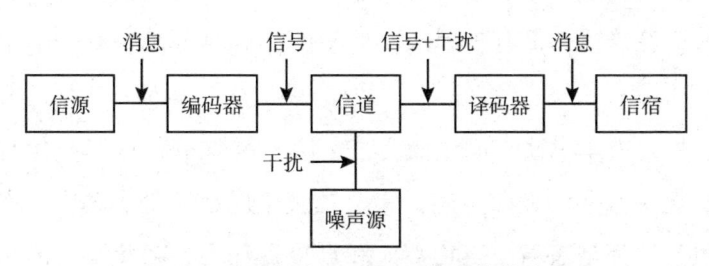

图2-2 香农（Shannon）信息传递过程

在香农等看来，人的认识过程也是信息通道处理信息的过程，图2-2所示的这些概念被逐步应用到心理学领域。作为现代实验心理学的主导方向，信息加工理论主要研究人如何注意和选择信息，对信息的认识和存储，利用信息制定决策、指导外部行为等，在此基础上形成了"用信息加工过程来解释人的复杂行为"的学科——认知心理学。狭义的认知心理学即信息加工论,有四方面的含义:一是决策者在信息收集和评估方面存在个体差异;二是对相同的现象或事物,不同个体在信息处理策略上会有差异;三是管理者的决策往往需在模糊环境中做出,但不同管理者对信息模糊的忍受程度并不相同;四是不同决策者在识别感知信息不同属性方面的能力以及将这些属性相互联系起来形成决策的能力是不同的。这四点含义与前述高阶理论的信息处理三环节有异曲同工之处。

2.2.3 理论分析

1. 根据行为经济学和高阶理论的分析

根据行为经济学和高阶理论分析,不同个体的偏好特征会影响决策行为及后果,尤其重要的是要了解到底是谁的偏好影响了公司决策。

首先,就本书研究问题而言,了解"是谁的偏好影响信息披露质量"至关重要。如前所述,无论是法律规定还是实践中,中国上市公司董秘都是信息披露负责人和直接责任人,因此董秘的个人偏好、能力、经验以及其他特征,势必会直接影响其信息披露行为、决策,进而影响上市公司信息披露的形式、内容和质量。从图2-1可知,高管取向由价值观、个性、认知等"心理特征"以及年龄、教育、职能背景等"可观测到的经验"两部分组成。据此,本书结合董秘工作实践,选取现有研究尚未涉足的董秘价值观、社会公理、认知风格、风险态度、人格特质、主动性人格六个心理特征变量,而对于"可观测到的经验"特征,本书通过问卷取得的独特数据也较之现有公开信息更为全面、翔实和细致。

其次,根据高阶理论开发者的解释,信息处理的三个环节造成高管人员的认知受限:一是高管无法考察到环境和组织的各个方面,二是即使在其考察到的范围内也是选择性地感知部分现象,三是考虑到机遇与风险,高管会对信息的含义进行权衡或诠释。因此,高管对信息的最终解读与客观实际可能仅有小部分重合;即使对同一情境,取向不同的高管得出的诠释可能大不一样。将这一理论具体应用到分析董秘从事信息披露、信息处理的各环节中(见图2-3):一是董秘在获取公司内部信息时面临自身能否及时充分获取信息的问题,这既有赖于所在公司内外部整体信息环境,包括内部信息的可获得性和获取通畅度、外部监管环境等的制约,也受董秘自身在公司的地位、威望、人际关系等的影响;二是囿于自身个性、认知风格等心理特征的影响,董秘会选择性感知信息,比如倾向于披露好消息、回避坏消息等,或者在面对负面信息时会有意识地寻找"开脱"理由以避免或延迟公开披露;三是即使面对同一信息,由于自身立场站位、认知、价值观等不同,不同董秘就同一披露事项的理解也会不一样,比如是否愿意主动披露ESG信息等。所以,不同董秘撰写的公告等信息披露文件、表达的信息内容可能风格迥异,其就同一披露事项的解读诠释亦即信息的传递也会不同,与投资者互动的风格、侧重点、及时性等可能大相径庭。也就是说,董秘的价值观和认知等心理特征决定了他们的个人站位以及对信息的理解和解释力,进而影响他们的信息披露决策,最终影响所在上市公司的信息披露质量。

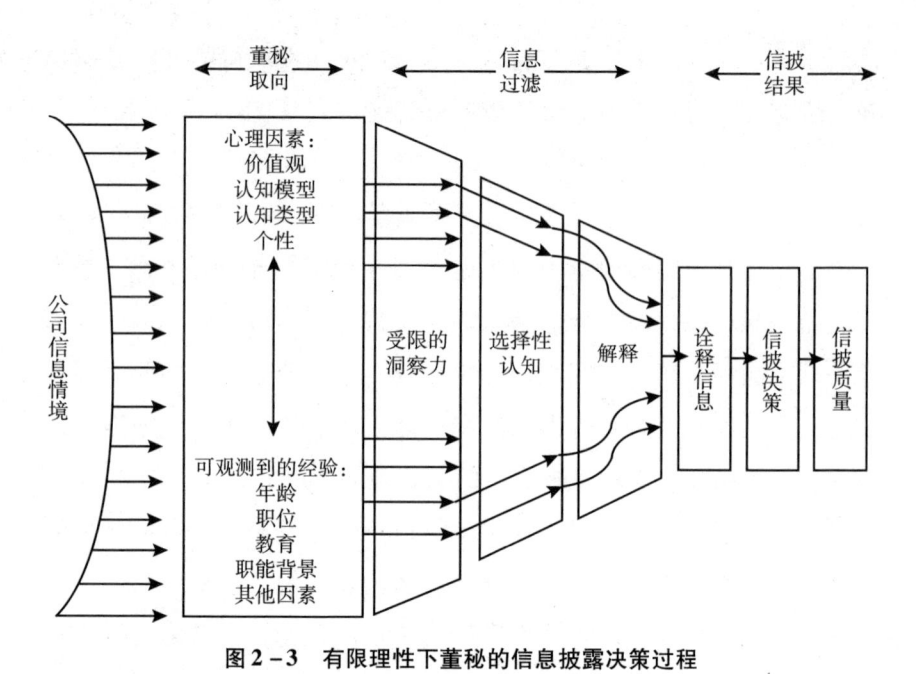

图2-3 有限理性下董秘的信息披露决策过程

注：本书作者根据汉布里克（Hambrick）和梅森（Mason）所著的《有限理性下的战略选择：高管诠释的现实》改编。

此外，何威风和刘启亮（2010）也指出，管理者既有认知结构和价值观决定了其对相关信息的解释力，而董秘履行信息披露职责的过程正是其个体动机与能力相互匹配，而后转化为信息披露决策、形成信息披露文件、影响信息披露结果的过程。

2. 根据信息论的分析

根据信息论分析，信息传递的三要素有信源、信道和信宿。具体到上市公司信息披露工作，毛新述等（2013）认为在诸多影响信息传递效果的因素中，较为直接的因素是信息发布者、信息媒介及信息接收者的特征；周建等（2018）认为，获取信息资源的能力和信息编码能力是决定董秘信息提供能力强弱的两个主要方面，前者反映董秘能否接触和收集到足够信息，后者关系到董秘能否将收集到的信息完整准确地传递给接收者；姜付秀等（2016）将资本市场信息传递过程简化为图2-4所示。而在中国上市公司信息发布实务中，董秘的工作贯穿该三个环节：董秘既是上市公司信息的具体发布者，也是信息传播过程中信息的解读者，同时作为"外界了解上市公司的窗口和桥梁"还是直接面对信息接收者的上市公司高管，可见其个人特征会在信息获取、信息形成、信息发布、信息解读等各阶段产生影响，并最终作用于信息披露质量。

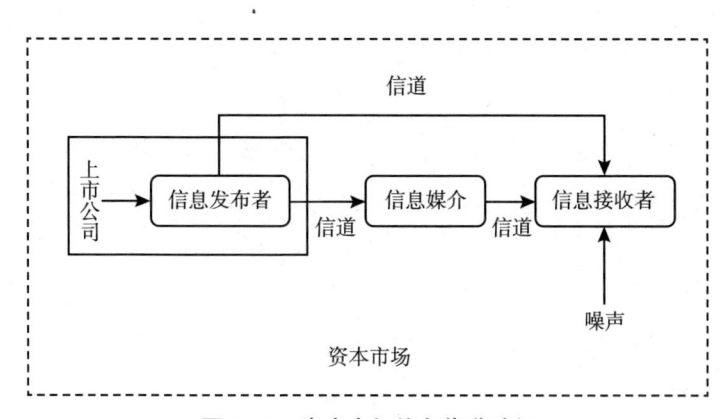

图2-4 资本市场信息传递过程

第 3 章

文 献 综 述

本书研究的核心问题是 A 股上市公司的信息披露负责人董事会秘书个人特征对所在公司信息披露质量的影响关系。本章主要从财务会计领域高管特征的经济后果、信息披露质量的影响因素以及董秘特征与信息披露质量的影响关系三方面进行文献梳理和论述。

3.1 财务会计领域个人特征的经济后果

1. 高管特征的经济后果研究

高阶理论认为，管理者的经验、价值观和个性会影响公司决策，不同的管理者置于相同情况下会做出不同的决策。基于此，国内外学者对管理者特征的不同方面如教育背景、工作经历、年龄、学历、任职时间等带来的经济后果开展了大量研究。班特尔和杰克逊（Bantel & Jackson，1989）研究发现高管成员学历越高对公司的创新越有利，管理者教育水平、平均年龄等与企业过度投资行为存在显著相关性（姜付秀等，2009），企业家文化价值观对企业社会责任有显著影响（辛杰和吴创，2015），高管从军经历对公司治理具有重要价值（王元芳和徐业坤，2020）。由于 CEO 相较于其他高管"出镜率"较高，较多研究围绕 CEO 特征的经济后果展开，如早年经历过饥荒的 CEO 所在公司采取了更保守的会计政策（Hu et al.，2020），具有"输出职能"如营销和研发背景的 CEO 对企业技术创新产生积极影响（李小青和孙银凤，2013）。由于个人特征数据较难获取，学者们常常用"可观察的动作或行为"来推断高管们的个人特征。戴维森等（Davidson et al.，2019）以 CEO 拥有奢侈品的数量衡量高管的"物质主义"；哈姆等（Ham et al.，2017）以签名大小衡量 CFO 自恋程度；马尔门迪尔和泰特（Malmendier & Tate，2005）使用管理者期权持有量来推断过度自信并检验其经济后果。

2. 财务会计和资本市场领域个人特征的研究

罗斯·L. 瓦茨（Ross L. Watts，1990）和杰罗尔德·L. 齐默尔曼（Jerold L. Zimmerman，1990）认为，试图解释和预测会计的理论不能将会计研究和对人的研究分开。因此，针对审计、会计、资本市场领域的个人特征及其经济后果的研究近年来也方兴未艾。汉隆等（2022）开发了一个统一的框架，综合研究越来越多的关于个体决策者在塑造一系列观察到的会计现象中的积极作用。在这个框架下，会计信息的供给可以通过管理者特质来塑造，对会计信息的需求则会受到投资者情绪的影响。作者们认为，有四个关键要素构成了个人行为特征在财务会计领域档案研究的基础：理性选择的行为理论、组织的高层视角、个体固定效应方法论以及可观察到的个体特征。作者们将保罗·希利与克里希纳·帕利普（Healy & Palepu）开发的如图 3-1 所示的"资本市场资金与信息流"经典框架（2001）进行了以个人为重点的丰富和拓展，形成了如图 3-2 所示的拓展框架。

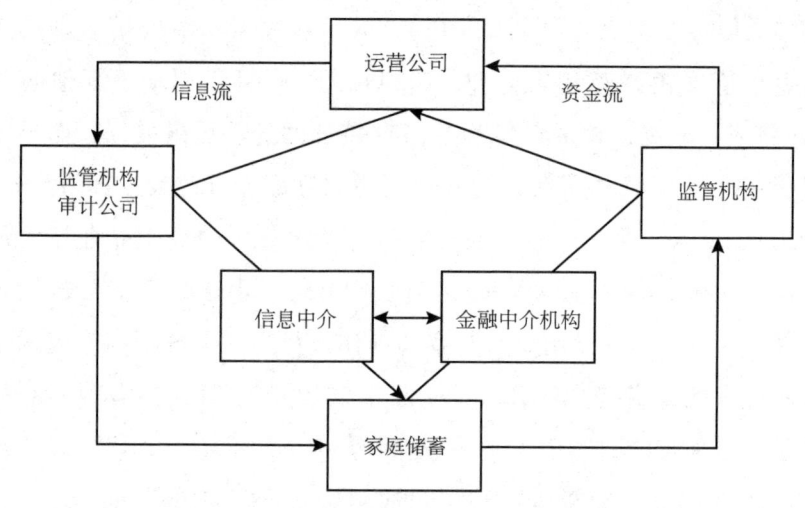

图 3-1　资本市场资金与信息流经典框架

资料来源：Hanlon, M., Yeung, K., & Zuo, L. Behavioral Economics of Accounting: A Review of Archival Research on Individual Decision Makers [J]. Contemporary Accounting Research, 2022, 39 (2): 1150-1214.

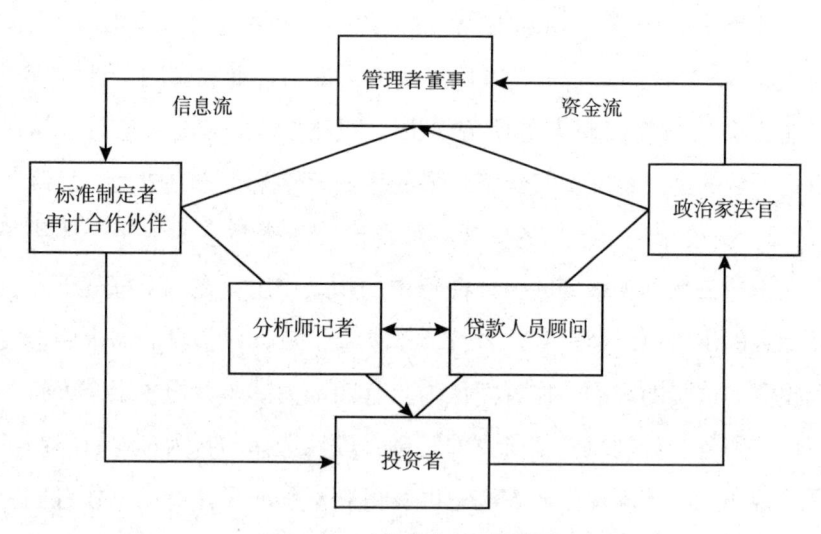

图 3-2　以人为本的拓展框架

资料来源：Hanlon, M., Yeung, K., & Zuo, L. Behavioral Economics of Accounting: A Review of Archival Research on Individual Decision Makers [J]. Contemporary Accounting Research, 2022, 39 (2): 1150-1214.

在上述拓展框架下，作者们讨论了性别、种族、外貌、经历等个人特征是如何塑造个人行为的，并构建了一个关于经理和董事们在信息和资本流动方面所起作用的框架（见图3-3），从四个方面对个人决策者的行为展开详尽、全面、系统的档案研究，得出关键核心结论：个人层面的因素显著提高了人们解释和预测公司、行业、市场因素之外的会计现象的能力，未来在可行的情况下应强化实地、调查和实验研究的机会。

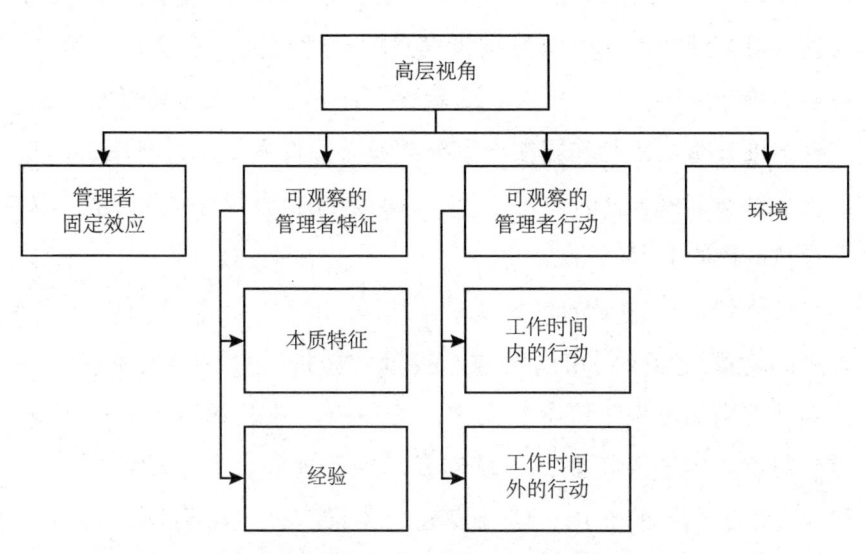

图3-3 经理和董事在信息和资本流动方面作用的研究框架

资料来源：Hanlon, M., Yeung, K., & Zuo, L. Behavioral Economics of Accounting: A Review of Archival Research on Individual Decision Makers [J]. Contemporary Accounting Research, 2022, 39 (2): 1150 – 1214.

财务会计领域个人特征与经济后果的实证研究方面，国外学者班伯等（Bamber et al., 2010）发现法律背景的经理更有可能引导分析师降低预期，财务会计背景的管理者披露方式更精确、披露风格更保守，高管人员在公司的自愿财务披露中发挥了重要的经济作用等；哈姆等（Ham et al., 2017）指出 CFO 的性格特征对财务报告的选择具有重要影响；CEO 过度自信与会计稳健性之间存在负相关关系（Ahmed & Duellman, 2013）等。国内学者李小荣和刘行（2012）发现女性 CEO 会带来更低的委托代理矛盾而降低股价崩盘风险；叶琼燕和于忠泊（2011）发现审计师的性别、教育背景、学习能力、年龄、从业时间、是否为合伙人等个人层面的因素对审计质量有显著影响；罗春华等（2014）研究表明随着会计师执业经验的增长，其审计的财务报告信息更稳健，职位越高的注册会计师和女性注册会计师审计的财务报告信息稳健性更高；徐巍等（2022）以性别特征为切入口，检验了发审委员个人特征和发审质量的关系，实证结果表明女性发审员参与审核会显著降低发行人过会率，但女性委员参与审核通过的公司，上市后的业绩及合规性均好于没有女性参与审核的上市公司。

具体到董秘特征的经济后果，相关研究主要来自国内学者，大多围绕董秘与公司市值绩效、投资者保护、投资者关系、信息披露等方面的影响。贾宁和文武康（2016）基于 2004～2012 年沪市公司董秘的个人特征，从投资者预期管理和市值波动性检验董秘在上市公司中的作用，研究发现"由谁担任董事会秘书"对上市公司市值有显著影响，董秘在上市公司资本市场运作方面发挥着重要作用；卜君和孙光国（2018）认为，多重身份董秘有利于投资者保护；向锐和徐玉茹（2019）实证检验了董秘特征与分析师关注度的影响关系，结果表明董秘财务经历越丰富、学历越高以及董秘兼职时，分析师关注度越大。近年来，也有不少研究围绕董秘特征对信息披露质量的影响展开，具体见 3.3 节的文献梳理。

3.2 信息披露质量的影响因素

中外学者对信息披露的研究，主要从信息披露质量的影响因素和信息披露的经济后果两方面展开。大量研究表明，充分及时的信息披露对于改善信息不对称（Verrecchia，2001；Healy & Palepu，2001）、缓解资本市场的柠檬问题（Akerlof，1970）和代理问题（Jensen & Meckling，1976）、提高资源配置效率（周中胜和陈汉文，2008）等具有重要的理论和现实意义。而关于信息披露质量影响因素的研究，主要围绕外部环境影响和公司特征因素两大方面展开，其中董秘特征对信息披露质量的影响属于公司特征中的一部分，鉴于本书主要研究董秘特征与信息披露质量的影响关系，故对此部分文献在3.3节中进行单独回顾。

1. 外部环境对信息披露质量的影响研究

外部环境的影响因素主要有市场竞争、交易机制、监管机制、投资者等。如，适度的市场竞争有利于提高信息披露质量，行业竞争越强则信息披露质量越高（王雄元和刘焱，2008），引入卖空机制显著提高了标的公司信息披露质量（李春涛等，2017），外部监管显著改善了公司披露质量（方军雄和向晓曦，2009），机构投资者通过其自身信息收集和处理优势以信号传递的方式影响公司信息披露质量，提高了信息的透明度（杨海燕等，2012）；媒体关注显著提升企业ESG信息披露质量（翟胜宝等，2022），沪（深）港通的开通即资本市场开放显著改善了上市公司ESG信息披露质量（巴曙松等，2023）。

2. 公司特征对信息披露质量的影响研究

公司特征对信息披露质量的影响，主要有公司规模、治理结构、产权性质、管理层薪酬、高管特征等。现有研究表明，企业规模与信息披露质量正相关（田昆儒和许绍双，2010），公司治理结构的合理安排对信息披露有促进作用（伊志宏等，2010），审计委员会的独立性、专业性、职责与权力保障程度与信息披露质量正相关（刘彬，2014），信息披露质量随管理层薪酬激励程度的增加先升后降（王生年和尤明渊，2015）。高管特征与信息披露质量影响关系的研究方面，班博（Bamber，2010）研究表明，披露者的个人风格维度在解释自愿财务披露的差异方面发挥着显著的增量作用，吴雅琴和王梅（2018）发现高管团队受教育水平、任期与会计信息披露质量正相关，高管人力资本特征与环境信息披露行为存在系统的紧密联系（张国清和肖华，2016），上市公司高管学术经历能提高信息披露质量（郭媛丽，2022），审计委员会履职能力通过缓解管理层短视提高了 ESG 信息披露质量（朱荣等，2023）。

3.3　董秘特征与信息披露质量

近年来，理论和实务界都关注到董秘作为信息发布人，其个人特征之于所在公司信息披露的重要影响，围绕董秘个人特征对信息披露质量影响的研究逐年增多，这些研究主要考察董秘的人口统计学特征以及相关工作经验对信息披露质量的影响，研究结果总体表明董秘职责的有效履行对于提高信息披露质量有重要作用。

国内较早关注董秘特征与信息披露质量的是高强和伍利娜

(2008)，其实证检验了2001~2007年深交所兼任董秘的情况，发现由副总兼任董秘可提高信息披露质量；周开国等（2011）发现，董秘特征对信披质量有一定解释力度，如董秘持股会降低信息披露质量，而董秘的年龄、任职时间、教育水平、兼任情况和相关经验等对披露质量没有显著影响，说明彼时董秘的个人特征在不同公司信息披露差异化上没有很好地发挥作用，其对提升公司治理水平和信息披露质量的作用机理还没有真正体现出来；但之后李姝等（2019）发现董秘持股的上市公司信息披露质量更高，这一结论与周开国等（2011）相反，李姝等还发现民营企业中董秘持股显著提高了信息披露质量，以及当董秘兼任其他高管或有财务背景时，董秘持股对信息披露质量的改善作用更强。

此后的大量研究多表明董秘特征与信息披露质量息息相关，这些特征涵盖了董秘性别、任期、社会资本、身份定位、个人声誉以及董秘变更情况等。董秘的社会资本越大，公司信息披露质量越高（高凤莲和王志强，2015）；董秘性别是影响信息披露质量的重要因素，但女性担任董秘并未提高公司信息披露质量，相反其所在公司信息披露质量更低，且这种效应在大公司中更为明显（林长泉等，2016）；卜君和孙光国（2018）发现兼有多重身份的董秘因其有更多实际权力和更丰富的信息获取渠道，故能显著提高信息披露质量；程小可和孙乾（2020）考察了董秘任期与信息披露质量之间的影响关系，发现董秘在其任职初期显著提升了所在公司信息披露质量，预期任期对信披质量有显著正向影响，并且当董秘个人声誉较高时，这些影响更为显著；卜君（2022）考察了董秘变更对公司信息披露质量的影响及作用机制，发现董秘变更会导致披露质量下降，特别是变更后继任董秘专业性提升较小、经营业务复杂程度较高的公司，信息披露质量受到董秘变更的负面影响较为明显。

此外，有较多研究集中在董秘兼任 CFO 或者董秘是否有财务经历方面，这些研究结论多表明财务背景董秘可以提高信息披露质量。包括：CFO 兼任董秘能更有效传递信息，从而提高资本市场效率（毛新述等，2013）；财务背景董秘吸引了较多分析师跟踪，增加了分析师预测的准确性，提升了信息披露质量（姜付秀等，2016）；CFO 兼任董秘通过声誉的激励约束机制抑制了公司的应计盈余管理（肖万等，2022）；财务背景董秘显著减少监管问询，从高管特征角度揭示了董秘背景对监管问询的影响，认为董秘在改善年报信息披露质量方面发挥的作用具有重要现实意义（全怡等，2022）。然而，汪芸倩和王永海（2019）的研究却发现，CFO 兼任董秘会导致会计信息质量下降，原因可能是 CFO 兼任董秘时会借助兼任董秘带来的职权效应进行更严重的会计信息操纵。

以上研究，对信息披露质量的测度大多使用交易量波动依存法（KV 度量法）和交易所信息披露考核结果这两种方法。如周开国等（2011）、程小可等（2020）采用 KV 度量法作为信息披露质量的替代变量，高强等（2008）、高凤莲等（2015）、卜君（2018，2022）用深交所信息披露考核结果。也有学者结合了 KV 度量法与深交所信息披露考核评级指标，如林长泉等（2016）、李姝等（2019）。

近年来，随着信息技术的变革以及"双碳"目标下 ESG 投资的兴起、针对文本可读性、互联网"双向互动"式披露以及 ESG 信息等自愿信息披露的研究也日渐深入。高可读性是信息披露质量的重要保证（Courtis，1995），孙文章（2019，2021，2023）通过多篇实证研究聚焦董秘特征与年报文本可读性之间的影响关系，发现董秘声誉越高则年报可读性越好、文本信息披露质量越高，会计背景有助于信息发布者披露更可读的年度报告，以及董秘的法律专业知识、国际专业知识、角色双重性提高了年报可读性，且年报可读性与公司业绩正相关。赵婧潞等（2024）研究发现 ESG 报告可读性越差，ESG 评级分歧越大。徐泽林等（2021）基于深市公司投资者关系互动的证据，采用实证分析和事件研究的方法考察董秘努力工作的效用，发现董秘努力工作有利于降低信息不对称水平，进而提高分析师预测精度、增加公司股价信息含量等。

3.4 文献述评

（1）在高管个人特征方面，现有文献主要以人口统计学特征作为对价值观、认知等个人特征的替代，具有一定局限性。

现有基于高阶理论开展的研究主要以管理者的人口统计学特征作为对其认知能力和价值观等的替代，或使用可观察到的管理者的行为、动作作为替代变量，或从理论上进行分析或对两者进行间接的实证检验，其原因应如高阶理论开发者所说的"获取大样本的高管人员心理测量数据有实际困难"。然而，使用人口统计学特征替代价值观、认知等变量，检验中难免会有一定误差，含有较多"噪声"，尤其是研究人员对人口统计特征所代表的含义认识的差异比较大，故得出一些不太一致的结论。因此，汉布里克早年就提出"不应排除对高层管理团队进行问卷调查的可能性"。另外，从信息论可知，信息的发布和传递是一个复杂的社会过程，需深入到认知和价值观领域进行探讨，但目前这种直接的探讨还比较匮乏。目前尚未发现通过对董秘直接进行问卷调查和访谈取得其个人较为全面的"心理测量数据"，以及探讨这些心理特征与所在公司信息披露质量的研究。

（2）在信息披露质量的测度方面，现有文献对 A 股上市公司信息披露质量的衡量多为单一维度，主要采用监管机构评级或交易量波动依存法（KV度量法）。

一方面，该两种评价方法有一定局限。一是沪深交易所信息披露质量评价多基于监管合规要求作出，对注册制下以"投资者需求"为出发点的信息披露导向而言，其评分指标和权重欠明确，尽管公布了评价办法，但实务中其评价过程并不公开也不透明，可能产生监管部门评价与投资者心目中的信息披露质量不甚一致的结果；二是KV度量法，由于中国存在资本市场制度不完善、监管部门过度干预、常态化进行"窗口指导"以及散户投资者多、市场上"小作文"干扰甚至取代正规发布的信息等客观情况，故KV度量法在中国资本市场适用时受到的干扰可能较多。现有研究对披露质量的测度比较单一，原因可能是过往研究多集中在审核制、核准制阶段，针对注册制以来如何更好"以投资者需求为中心"进行信息披露的实践和理论研究都还比较少。

另一方面，这两种方法不能针对性地体现董秘所从事的叙述性、文本性信息披露工作特征。如前所述，董秘处理的主要是叙述性信息即文本信息，而不是财务信息，现有研究除孙文章多篇文章聚焦研究董秘与信息的文本可读性外，未见董秘与其他较能代表其文本信息披露工作特性如互动平台披露质量、ESG披露质量影响关系的研究；也未见在同一研究中综合考虑"强制性—半强制性—自愿性"信息披露框架，将年报文本可读性、互动式信息披露和ESG信息披露这三个较倾向于文本信息质量的衡量指标纳入同一框架进行的研究。

（3）在信息披露质量影响因素方面，现有文献以及实务中的问卷调查等，尚未深入到上市公司内外部信息环境、信息披露决策机制以及董秘的工作满意度、工作自主权、身份认同感、个人声誉、沟通能力等方面的探讨。

本书回收的问卷和访谈填补了这一空白。

综上所述,本书扎根中国资本市场和信息披露工作实务,以独特的多维视角、切身的实践体验,从董秘心理特征切入,循着"强制性—半强制性—自愿性"信息披露路径展开,从年报文本可读性、互动式信息披露和ESG信息披露三个方面系统考察信息披露质量,研究方法和内容或可弥补现有文献研究数据来源和对信息披露质量的度量较为单一,以及现有研究在制度背景变迁、时效性方面的不足。

第 4 章
理论分析与研究假设

通过以上分析，确定研究假设模型中的解释变量为董秘的心理特征，包括价值观、社会公理（劳酬相宜）、认知风格、风险态度、人格特质（宜人性、责任感、开放性）以及主动性人格；被解释变量为信息披露质量，从年报文本可读性、互动平台信息披露以及ESG信息披露三个方面，对A股上市公司信息披露质量进行较为全面、系统和立体的考察。

选择从上述三个角度对信息披露质量展开研究，主要基于以下两方面考虑：一是这三个指标聚焦非财务信息披露，与董秘日常信息披露工作内容密切相关；二是为全面系统地呈现信息披露体系，本书循着"强制性—半强制性—自愿性"信息披露思路展开。其中，自愿性信息披露作为缓解市场信息不对称的重要手段，是强制性信息披露的重要补充（何太明等，2023）；建立完备性、系统性的信息披露体系，离不开强制性和自愿性信息披露的相辅相成。理论和实务中，定期报告为监管部门强制要求披露，ESG信息目前多属自愿披露，故本书选取年报管理层讨论与分析的文本可读性、彭博ESG信息披露评分作为强制性、自愿性信息披露质量的代理变量；另外，沪深交易所搭建的投资者互动平台，系在交易所监管下以问答形式进行的信息交换，是资本市场在互动式信息披露方面的重要制度创新（赵杨和赵泽明，2018）。一方面交易所对上市公司的回复时限有一定要求，对回复内容有形式审核机制；另一方面回复内容以及择机回复方面，上市公司有一定自主权，不像强制性公告有严格的格式和规范要求，有自愿性、自主权的特征，故本书首创将其界定为"半强制性信息披露"，并以互动平台回复率作为半强制性信息披露质量（互动式信息披露）的代理变量[①]。此外，由于ESG信息的主观性质（Christensen et al.，2022），其受到披露者个人价值观、认知、偏好等心理特征的影响可能更大。

但是，由于强制性信息披露与自愿性信息披露的影响因素和影响机制有所不同；并且，考虑到本书自变量是深入到价值观和认知层面的"心理特征"，特别是价值观、风险态度、主动性人格等心理特征对强制行为与自愿行为其在理论预测上有所不同，例如班博（Bamber，2010）认为自愿披露面对的是一种更为复杂和模糊的情况，需要在多个相互冲突的目标间权衡，这种复杂、模糊的情况更会受高管特殊的经验和价值观影响，而现有文献还从未有过基于"董秘心理特征"对不同类型信息披露质量影响关系的探讨，即现有文献并未就不同心理特征对不同类型的信息披露质量的影响给出一致答案。

基于以上讨论，本书所研究的董秘心理特征与信息披露质量之间的影响关系尚不明确，既有可能是正相关关系，也有可能是负相关关系，还有可能零相关。故本章提出六个待检验的零假设，并在每个假设项下展开具体的理论分析。

[①] 关于互动平台回复是否属于信息披露行为，中国证监会〔2023〕16号《行政处罚决定书》载明："互动平台回复属于《证券法》规定的信息披露。互动易是上市公司自愿性、交互式信息发布和进行投资者关系管理的综合性网络平台，是法定信息披露的有益补充。在该平台上，投资者可以向上市公司提问，上市公司应及时回复，回复应当遵守《证券法》关于信息披露的原则性要求即真实、准确、完整等要求。"

4.1　价值观与信息披露质量

1. 价值观的理论分析

美国学者克拉克洪（Kluckhohn）较早提出价值观概念，他认为价值观是一种外显的或内隐的，关于什么是值得做的、什么是不值得做的，什么是重要的、什么是不重要的一整套信念，是个人或群体的特征，它影响人们做事的行为方式、手段和目的（Kluckhohn，1951；张敏和邓希文，2012）。价值观具有评价和约束功能，能指导个体的态度和行为，价值观的差异有助于解释个人行为的不同（Rokeach，1973；张敏和邓希文，2012）。施瓦茨（Schwartz，1992）认为价值观是一组具体化的动机目标，在个体生活或其他社会中起指导作用，它超越具体情景而存在，可作为判断和选择行为方式的标准。在对20个国家进行调研后，施瓦茨最终确定了自主、刺激、享乐、成就、权力、安全、传统、遵从、友善、博爱共10种具有跨文化一致性的个体基本价值观，并将其分为四大类：自我超越价值观和自我提升价值观；保守性价值观和开放性价值观。其中，自我超越型属于利他主义价值观，强调他人的福利优先于个人利益，对应集体主义价值观；自我提升型更多关注个人权利和成就，强调个人的得失优先于他人的追求，对应个人主义价值观。施瓦茨的价值观理论自1987年初步形成至2012年完成理论重构，历经25年不断检验、修订和完善，且有相应的测量工具，是价值观研究领域最成熟和被广泛接受的理论，也是心理学领域具有核心地位的价值观理论（李玲和金盛华，2016）。

2. 研究假设

高阶理论认为高管成员的认知、价值观等心理特征是影响决策的重要因素，高管人员的价值观和其他个人特征会转化为导致组织发生实质性变化的行动。而目前对信息披露影响因素的研究，大多着眼于外部的正式制度约束上，缺少对企业内部信息发布人，尤其是价值观等一些非正式制度驱动机制的探究。为此，本书试图探讨作为信息披露负责人的上市公司董秘，其价值观是否会影响信息披露的态度、行为和决策，进而影响所在公司的披露质量。

已有研究中有两种相反的观点可以解释高管价值观影响企业社会绩效的差异。一种观点认为，如果高管具有利己的价值观，他在决策时会强调"企业为中心"的利益相关者理论，即为追求股东利益最大化和管理者的利益而去管理企业与利益相关者之间的关系；另一种观点则认为，如果高管具有利他的价值观，在决策时会强调"系统为中心"的利益相关者理论，即在整个系统中考虑所有利益相关者的公平和权利问题，进而影响企业履行社会责任的绩效（Agle et al., 1999）。

也就是说，管理者面对决策行为时，会先以自身的价值观为基础形成对决策的价值判断，进而影响其态度、行为。实践中，董秘对信息披露基本出发点的理解是基于内部大股东利益还是外部中小股东利益导向，是管理层利益还是利益相关者利益导向，决定了其信息披露的态度和行为，进而可能影响所在公司的披露质量。具体到本书研究而言：

第一，从董秘价值观与年报文本可读性方面看，集体主义价值观者既有可能正向促进信息披露质量，亦有可能负向降低信息披露质量。一方面，持集体主义价值观的董秘，从其主观出发点而言，可能愿意设身处地为信息需求方着想，以投资者需求为导向进行信息披露，希望能提高所撰写文本的可读性；另一方面，还可能习惯以宏大叙事、生硬说教方式撰写文本，这在客观上导致其所呈现的文本晦涩难懂、降低了可读性；此外，也不排除所发现的，企业存在策略性披露行为，管理层可能故意将信息设计成复杂、易混淆理解的形式，以掩盖其不良行为或获取私利，而这种"策略性披露行为"到底会更多存在于集体主义价值观还是个人主义价值观的群体中，也尚不明确（Aghamolla & Smith，2023）。

第二，关于集体主义价值观者是否会更积极与投资者互动、能否提升回复率、对互动式信息披露质量的影响如何，目前还不是很清楚。一方面，集体主义价值观者可能更看重外部投资者，愿意更及时、高频地与投资者互动，以表示其对中小投资者权益的重视和保护；另一方面，互动平台的回复率等只是常规、琐碎的日常基础工作，可能只是董秘或其所领导的证券部门的工作习惯问题，还上升不到价值观层面的讨论，故价值观对互动式信息披露质量未必有显著影响，即董秘个人的价值观对互动式信息披露质量的整体影响效应较难确定。

第三，从 ESG 信息披露方面看，董秘所考虑的利益相关方的优先级顺序，尤其可能会给 ESG 信息披露质量带来显著影响，已有研究显示集体主义价值观影响着个人道德准则及其保护环境的行为意向，他们有着更强烈的生态中心主义、个人道德规范和保护环境的行为意图（Cheung et al.，2014）。据此分析，集体主义价值观者可能更愿意从利益相关者的利益出发考虑问题，故会更主动地披露社会责任、ESG 信息，可能显著提高 ESG 信息披露质量；但是，ESG 信息是环境、社会、治理三个维度的综合表现，这三个维度中，环境和社会更多体现了集体主义、公众利益，而治理则主要是公司内部事务，所以集体主义价值观虽然可能提升 ESG 整体绩效，但具体到各个维度上，其影响效应未必完全一致。

综上分析，关于董秘价值观与信息披露质量的影响关系，正相关、负相关、零相关的情形均有可能出现，故提出如下待检验的第 1 个零假设：

H4-1：董秘价值观与其所在上市公司的信息披露质量没有相关关系。

4.2 社会公理与信息披露质量

1. 社会公理的概念与理论分析

社会公理是关于自身、社会和物理环境或精神世界的普遍信念。与价值观或态度不同，社会公理采用关于两个实体或概念之间关系的断言形式，是对两个具体的实体间坚定的认知（Leung et al., 2002），对人们的日常行为起着重要的指导作用（段锦云等，2009），库尔曼等（Kurman et al., 2004）研究表明，社会公理起着区别于价值观的更重要的作用。

关于社会公理的测量，梁觉（Leung, 2002）构建了五因素社会公理量表，包括犬儒主义、社会弹性、劳酬相宜、命运控制、宗教信仰。本书聚焦"劳酬相宜"因素，系基于三方面原因：一是"劳酬相宜"与工作道德相似，而"工作道德"正是监管部门对董秘的基本要求，沪深交易所《股票上市规则》规定的董秘任职条件，除强调需具备履职所必需的专业知识外，还特别要求董秘"具有良好的职业道德和个人品质"；二是"劳酬相宜"这一广义上的

"报酬"体现了生活的公平性，而"公平对待所有投资者"是董秘从事信息披露工作的法定基本要求；三是"劳酬相宜"强调努力工作的益处，这一信念通过影响个体对努力付出所换来结果的估计，进而影响个体的行为决策。

研究也表明，社会公理和价值观的相关关系较弱，即两者的重叠不多，回归分析显示把两者结合起来比单独使用价值观预测行为的效果更好（Bond et al.，2004）。排除价值观对行为的作用后，社会公理和行为之间的许多关系是更为显著的，这种通过对一个人关于世界的信念测量，补充了仅通过测量个体内部动机来预测行为的不足（段锦云等，2009）。

2. 研究假设

就董秘持"社会公理—劳酬相宜"观念对信息披露质量的影响而言，其对强制性、半强制性、自愿性披露质量的影响可能会有所不同。

第一，关于年报文本可读性。富萍萍等（Ping Ping Fu et al.，2004）研究发现，劳酬相宜因素得分高的人更倾向于采取说服性策略，希望通过措辞良好的逻辑论证和事实证据与他人进行协商；邦德等（Bond et al.，2004）发现劳酬相宜因素在冲突解决中容易迁就让步。据此分析，该因素得分高的董秘可能沟通能力更强，或者会更注重使用文字沟通技巧，这有助于写可读性更强的文字让投资者更好理解年报，因而更容易说服投资者进而带来公司整体形象和市值提升；但是，尽管持有此观念的董秘主观上希望写可读性更强的文本，也不排除客观上对业务的理解不够深入、文字表达能力欠佳，或者不能站在投资者角度撰写文本，最终未能写出通俗易懂、简明清晰、可读性高的文本。

第二，关于董秘社会公理—劳酬相宜观念与互动平台回复率的关系。徐泽林等（2021）以深交所互动平台回复率衡量"董秘努力工作程度"，结果表明董秘努力工作有利于降低信息不对称水平，进而提高分析师预测精度、增加公司股价信息含量。一方面，由于"劳酬相宜"强调努力工作的益处，因此该维度得分高的董秘，可能会更加努力工作，比如更及时回复互动平台问题、提高回复率，这将有助于提升互动式信息披露质量；另一方面，与价值观类似，社会公理是一种人生信念，而回复互动平台问题是上市公司琐碎、常规的事务性工作，可能上升不到信念层面来探讨，故两者之间未必会产生相关关系。

第三，关于ESG信息披露质量。由于"劳酬相宜"因素与工作道德相似，强调公平性，相信"付出总有回报""做好事会有好报"，这种强烈的道德感可能会促使董秘更看重利益相关方利益，以及自发自愿地关心环境、社会和他人福祉，故持劳酬相宜观念的董秘，有较大可能会正向促进所在公司的ESG信息披露质量。

根据以上分析，尽管多数情况下，社会公理—劳酬相宜观念更有可能正向促进信息披露质量，但依然较难排除在个别维度上存在负相关、零相关情形。故提出本章第2个零假设如下，以待检验：

H4-2：董秘的"社会公理—劳酬相宜"观念与其所在上市公司的信息披露质量没有相关关系。

4.3 认知风格与信息披露质量

1. 认知风格的理论分析

根据高阶理论，认知是个体完成行为活动最重要的心理条件。

广义的认知是包括认知行为在内的心理过程，狭义的认知通常指人的信息加工过程。认知风格是指信息处理的偏好或支配模式（Green，1985；周晓东，2006），是个体在长期的社会实践中形成的、较为稳定的心理倾向（李小青和胡朝霞，2016）。

信息处理有两种主要模式：一种是基于规则的模式，侧重于尝试识别和使用规则来处理信息；另一种是联想模式，侧重于关联的、依赖于上下文的过程。所有人都会使用这两种信息处理模式，具体取决于情况和任务的性质（Sagiv et al.，2010；Schul & Mayo，2003）。认知风格涉及在组织、处理信息和经验方面稳定的个体差异，其在不同时间和情况下是一致的，且独立于能力、技能和智力（Messick，1984；Hayes & Allinson，1994）。

不同领域和环境的研究人员研究了信息处理的认知风格，并产生了不同的结构和维度。对各种结构的回顾表明（Sagiv et al.，2010；Allinson & Hayes，1996；Riding，1997），大多数研究人员都将系统的、结构化的风格与直觉的、联想的风格进行对比：系统型风格指的是有逻辑和有意识地分析情况，系统的人会进行深入的搜索，并从逻辑上评估各种备选方案，以试图找出系统的规则；直觉型的人通常根据感觉和直觉做出决定。例如创新行为一般与直觉决策风格正相关，而与系统决策风格负相关（Sagiv et al.，2010；Scott & Bruce，1995）。

纳特（Nutt，1986）探讨了认知风格与高层管理人员战略选择之间的关系；而海斯和阿林森（Hayes & Allinson，1994）进一步验证了认知风格在人员选聘、职业指导、团队组成、冲突管理等方面的实践价值；明茨伯格（Mintzberg，1976）则发现，规划和管理科学强调逻辑和表达，需要理性的认知风格，而政策层面的管理需要更多应对模糊和复杂性，需要直观的方法。既然狭义的认知心理学就是信息加工论，而董秘又是上市公司信息披露的负责人，可见认知风格之于董秘从事信息披露工作是重要的，对于确定合适的董秘人选或许有一定参考价值。那么，那些信息披露质量较高的公司，其董秘是否拥有相似的认知风格以及什么样认知风格的人士更适合从事董秘工作呢？

2. 研究假设

如前所述，认知风格的差异会引起信息处理方式的偏差。实践中，董秘进行信息披露需严格遵循"真实、准确、完整、及时、公平"原则，这要求董秘有很强的规则意识，特别是要具备严谨、系统、结构化的思维方式，而不是凭直觉进行想象或创造。具体而言：

第一，关于董秘认知风格对年报文本可读性的影响。一方面，系统型认知风格董秘，考虑问题会更严谨周到，例如本书访谈的B董秘每年撰写年报的管理讨论分析章节时，都要"把自己关在房间足不出户，系统思考很多天"，这种结构化的思考方式可能会带来更简洁清晰、更具逻辑性的文本信息，提高可读性；另一方面，由于考虑问题过于面面俱到、过于理性，其在撰写文字时可能会追求"大而全"，试图在有限的章节中表达更多内容，这会增加文字的复杂性，故也可能降低可读性。

第二，在回复投资者互动平台提问方面。一方面，系统型认知风格董秘可能会更全面考虑公司整体形象，特别是要树立在中小投资者心目中的良好形象，故可能会提高短期内回复率；另一方面，相比直觉型董秘"不假思索"快速回复问题，系统型风格董秘由于需要系统全面思考、"字斟句酌"回复内容，故可能降低及时性和1天回复率；但是，由于直觉型董秘考虑问题欠全面，非常容易在回复时不能完整披露信息或进行"选择性披露"，这会触犯信息披露的合规底线，招致处罚，在严格的监管压力之下，最终倒逼直觉型董秘从"直觉"转向系统思考后再回复互动平台问题，这有助于逐步促进互动平台信息披露特别是回复内容质量的整体提升。

第三，在 ESG 信息披露方面，由于系统型认知风格董秘可能会更全面地考虑其他利益相关方利益、履行社会责任，有较大概率会提升 ESG 信息披露质量。

综上分析，系统型认知风格在多数情况下可能正向促进信息披露质量，但同样较难排除负相关、零相关情形。故提出第 3 个零假设如下：

H4-3：董秘的认知风格与其所在上市公司的信息披露质量没有相关关系。

4.4　风险态度与信息披露质量

1. 风险态度的理论分析

风险态度，也称风险偏好，是指对风险的容忍度。作为描述决策者心理特征的重要变量，风险偏好具有稳定性和持续性的特点（陈莹和刘乐怡，2022）。根据高阶理论，企业的风险承担决策是企业管理者综合特质和外部环境共同影响的结果，已有研究认为高管风险态度与年龄、性别、经验、教育等个人特征相互作用。风险态度会对创新投入产生重要影响，高管风险偏好对企业创新具有显著促进作用，高管的风险偏好程度越高，企业创新投入越多（陈莹和刘乐怡，2022），高管风险偏好强化了数字化转型与企业绿色技术创新间的正向关系（张译文，2024），但也导致更多的商誉减值和企业违规行为（刘爱民和徐华友，2021；李世辉等，2021）。

2. 研究假设

如本书导论部分所述，董秘是高风险职业。2020 年新《证券法》实施后，中国资本市场迎来严刑峻法的强监管时代，董秘执业风险之大，涵盖了从交易所自律监管措施到证监会行政处罚、从投资者民事索赔到为董秘量身定做的"违规披露、不披露重要信息罪"刑事罪名。

第一，关于董秘风险态度与年报文本可读性。一方面，风险厌恶型董秘会更严谨，甚至近乎严苛，在信息披露中倾向于采取更保守、枯燥、复杂的用语，故其信息的文本可读性可能更低；另一方面，也不排除因为董秘厌恶风险，故撰写文件时干脆就不迂回绕弯，而是简明清晰地把信息呈现给投资者，以避免复杂的信息披露后投资者产生疑问，或者招来监管问询等更大的风险，所以提高了报告的文本可读性。

第二，董秘风险态度与互动平台回复率。风险厌恶型董秘，或许会较难容忍互动平台上有较多"待办事项[①]"（即长期不回复的问题），所以会提高回复率或更及时回复，故从回复率看互动式信息披露质量更高；从相反角度看，相比风险厌恶和风险中性董秘，风险寻求型董秘更为开放或激进，会更高效、快速地回复问题，故在互动式信息披露时更容易"蹭热点"或以其他方式触碰监管红线，导致监管处分。从近年公布的此类主动迎合市场"蹭热点"案件查明的情况看，许多董秘在其中起到主导或是推波助

[①] 例如，上交所上市公司管理系统中，对于未回复的互动平台问题，每天开机即跳出"你有待办事项"。

澜的作用①。风险寻求型董秘短期内似乎因提高回复率而提升了互动质量如带来股价上涨等，长期看实则降低了互动平台回复内容的内在质量。

第三，关于董秘风险态度与ESG信息披露质量。一方面，由于ESG信息披露对多数公司属于自愿行为，对风险厌恶型董秘来说可能"多一事不如少一事"，故选择不单独披露ESG信息或者即使披露了质量也不高，可能会降低ESG信息披露质量。另一方面，现有研究表明，公司开展自愿性信息披露的动机包括基于公司形象、降低资本成本、回避诉讼风险等。许罡（2020）研究表明，社会责任具有信号效应和声誉约束功能，在这种信号效应和声誉责任约束下，企业会更加爱惜自己的羽毛，所以风险厌恶型董秘为避免潜在风险，也可能更加主动披露环境等社会责任信息，故可能提升ESG信息披露质量。

综上，风险态度对强制、半强制以及自愿行为而言，其理论预期和影响机制都有所不同，故同样提出第4个零假设如下：

H4-4：董秘的风险态度与其所在上市公司的信息披露质量没有相关关系。

4.5 人格特质与信息披露质量

1. 人格特质的理论分析

人格是人的内外表现特质，既是个人公开表现在外的特点又是

---

① 一些监管处罚决定中明确披露了董秘个人的违规细节。例如，2023年12月29日江苏证监局下发《行政处罚决定书》认定，"SDWG董事会秘书，负责公司对投资者在互动易所提问题的回复工作，其在明知芯片光刻机概念系当时市场热点的情况下，将公司证券部草拟的针对投资者提问回复初稿中'直写光刻设备'的表述修改为'光刻机'，刻意混淆直写光刻设备与芯片光刻机的区别，并决定发布，是上述违法行为直接负责的主管人员"。

内在的真实自我，是个人与他人区别的思维和行为特质。人格研究的起因在于理解个体行为差异的根源，以更好预测人的行为，比如什么样的应聘者会成为优秀的员工（张兴贵等，2012）。就本书研究而言，可能就是"什么样的候选人会成为更好的董秘？"人格特质理论中最为人所知的是"大五"人格特质理论（Goldberg，1990）。人格特质在个体中表现出显著的稳定性（Cobb–Clark et al.，2012），人格是工作满意度的主要因素，如神经质、责任心、外向性与工作满意度有着显著的相关关系（Judge et al.，2002）；责任心与工作绩效具有显著的相关性，在不同组织背景和绩效下，都能发挥稳定而有效的预测作用（Barrick et al.，1991）。

"大五"人格五个维度的具体描述如表4–1所示。

表4–1　　　　　　　　"大五"人格模型的具体描述

人格特质	具体表现
外向性	高分表明自信，会社交，乐观，积极向上，充满活力，容易感受到各种积极情绪；独断，有支配性，有说服力；毫不犹豫，生活节奏快，寻求刺激，喜欢冒险
宜人性	高分表明利他主义，同情别人并乐于助人，有合作精神，善解人意，对人性持乐观态度
责任感	高分表明意志坚强，有决心，有组织性，可靠，守时；有条理，谨慎，有逻辑性；有较高抱负，追求成功与卓越，能干，专注于自己的任务，一丝不苟，精力充沛，高效
神经质	高分表明紧张，忧郁，焦虑，冲动，不安全感；情绪化，对情绪的调节、应对能力差；对外界刺激反应强烈
开放性	高分表明好奇心强，尝试新鲜事物，寻求新奇与多样性；思路开阔，偏爱抽象思维，想象力丰富，有艺术敏感性，爱好多，有强烈求知欲，文化方面兴趣广泛

2. 研究假设

研究表明人格特质并不同等重要，其各个维度的相对重要性是针对不同领域的。巴里克等（Barrick et al., 1991）研究了"大五人格"与警察、经理、销售人员以及专业人员（工程师、律师、会计师等）工作绩效的影响关系，发现责任心是各职业群体比较一致的有效预测因素，其余维度与工作绩效的关系则因职业群体而异，比如虽然外向性和宜人性都涉及人际交往能力，但外向性是销售和经理这两种职业的有效预测因子，而宜人性却不是这两种工作绩效的重要预测因素。蒋正阳等（Zhengyang Jiang et al., 2024）研究表明，神经质和开放性是个人财务投资领域最相关的特质，但宜人性在个人投资决策中却未发挥直接作用，原因可能是宜人性的相关性需取决于直接的人际互动。另外，巴里和斯图尔特（Barry & Stewart, 1997）认为，虽然责任心对个体行为有正向预测作用，能增进职业成功，但责任心程度不是越高就越好，过高的责任心可能会成为保守或忠于规则的官僚分子，而不能发挥有效作用；外向性、宜人性与工作绩效的关系则限于特定职业和绩效指标，这种预测力取决于人与工作的匹配。即，各个人格特质的重要性因不同领域而异。那么，董秘作为一种特定职业，其通常拥有什么样的人格特质，以及哪几种人格特质会对信息披露产生影响，这是前人所没有研究过的，也是有趣和有意义的探索。鉴于本书心理特征来自董秘问卷，而问卷中属于"外向性"和"神经质"两种特质的董秘样本较少（均为7份），故实证检验选取宜人性、责任感、开放性三种人格特质展开分析。

一方面，董秘的宜人性、责任感、开放性人格特质可能对信息披露质量产生积极影响。第一，从信息披露角度看，其基本要求是"真实、准确、完整、及时、公平"，这要求董秘稳健、低调、踏实、谨言慎行，故责任感应能对披露质量产生正向影响，特别是可能提升 ESG 信息披露质量。第二，从信息解读和传播角度看，要求董秘擅长沟通、富有感染力、性格偏外向，故开放性、宜人性董秘可能提升信息披露质量。班伯（Bamber，2010）认为，高管人员具有独特的沟通风格（如重视公开性和透明度），可能会影响公司自愿披露的风格。

另一方面，董秘的宜人性、责任感、开放性人格特质也可能对信息披露质量产生负面影响。如前所述，"过高的责任心可能会成为保守或忠于规则的官僚分子"，如过于谨慎，则可能需要更多时间对回复内容进行构思，对涉及的专业问题向业务部门进行多方求证，甚至瞻前顾后，这种对回复内容和质量的追求及顾虑，势必会造成及时性和回复率的降低，过于谨慎和保守也可能降低文本可读性。

综合以上两方面分析，正向与负向影响都有可能，两者相抵消后的效应如何尚难知晓。即董秘的人格特质应会对信披质量有一定影响，但这种影响到底是正向还是负向以及不同人格特质的董秘对不同类型的信息披露质量分别如何影响，有待实证结果证明。故提出第 5 个零假设如下：

H4－5：董秘的人格特质与其所在上市公司的信息披露质量没有相关关系。

4.6　主动性人格与信息披露质量

1. 主动性人格的理论分析

贝特曼和克兰特（Bateman & Crant，1993）将主动性人格

（proactive personality）定义为"采取主动行为影响周围环境的一种稳定的倾向",主动性个体较少受环境约束,会主动改变环境;能识别有利机会,并采取主动行为,直到带来有意义的改变;是传达组织使命、发现并解决问题的先导者,会采取行动来影响周围世界。而不主动的个体则相反:被动地对环境做出反应,消极适应环境,甚至为环境所塑造;无法识别机会,更不用说抓住机会做出改变。研究表明,主动性人格高的员工比主动性人格低的员工更有可能发现积极的机会,表现出主动性、挑战和改变现状（Crant, 2000）,企业选择主动性人员有助于提高员工的工作绩效（Li et al., 2014）。

2. 研究假设

第一,关于董秘主动性人格与文本可读性。一方面,主动性人格强的董秘,在信息披露时可能会更主动、更努力地去满足"简明清晰、通俗易懂"等可读性要求;另一方面,也可能如前面所分析,写出可读性强的披露文件还有赖于专业知识、思维习惯和文字水平,单凭一腔主动的热情很有可能"心有余力不足",所以文本可读性与董秘是否主动可能关系不大,主动性人格对可读性未必有显著影响。

第二,关于主动性人格与互动平台回复率。一方面,工作主动的董秘可能会更及时主动回复互动平台提问,另一方面,"主动"与"全面快速"不完全是同一概念,主动回复未必等于快速或全面回复,故两者之间可能不存在相关关系。

第三,关于主动性人格与ESG信息披露质量。由于目前ESG信息披露对A股多数上市公司属自愿性信息披露,而本书问卷调查结果显示目前上市公司ESG披露的内部推动者主要是董秘及其所领导的董事会办公室、证券部（占90.06%）,可见董秘是否具有主动性对于自愿性信息披露而言至关重要,主动性人格应会显著促进公司披露 ESG 报告以及提升 ESG 信息披露质量。

综上分析,主动性人格在不同类型的信息披露中所起的作用和后果并不一致,故提出第 6 个零假设如下:

H4-6:董秘的主动性人格与其所在上市公司的信息披露质量没有相关关系。

第 5 章

问卷和访谈设计、样本特征及结果分析

本章内容是"董秘特征与信息披露质量调查问卷"统计结果及分析,主要包括问卷设计的基本流程、问卷的发放与回收、问卷具体分析方法、问卷综合统计结果及分析、访谈基本情况。

5.1 问卷设计

5.1.1 问卷设计的基本流程

本研究问卷设计的基本流程如下。

1. 确定问卷调查的目标和内容

针对本书研究问题"董秘心理特征与信息披露质量",基于前述理论分析和研究假设,本问卷调查需达成两个目标:一是取得董秘价值观、社会公理、认知风格、风险态度、人格特质、主动性人格等心理特征；二是取得董秘从事信息披露工作和能体现上市公司信息披露工作现状的实务数据，如董秘在信息披露方面的工作自主权、对影响信息披露质量因素的理解、上市公司内外部信息环境以及董秘的履职环境等。本问卷的内容设计均围绕上述目标展开。

2. 量表的收集和确定

查找和阅读国内外相关理论和文献，寻找国内外权威期刊公开发表过的成熟且合适的心理特征变量测量量表；结合董秘工作实践和信息披露工作的关键要素，确定调查问卷的其他量表和问题。

3. 问卷初稿

与三位导师、资本市场信息披露实践专家、资深董秘等讨论问卷的科学性、实践性和可回答性，以保证问卷各问题和答案设计能反映所研究的问题和基本概念，提高问卷本身的质量。《董事会秘书与信息披露问卷调查》正文分三个部分，包括董秘基本信息、生活态度以及工作情况，共43个问题。

4. 小样本预调研和修正

为增强问卷设计的有效性，确保被调查者能清晰理解问题，问卷初稿拟定后，定向邀请7位董秘（5位在任董秘和2位曾任董秘）进行试填。定向邀请试填董秘的选择，综合考虑了所在公司产权性质、信息披露质量评级、上市地（上海或深圳证券交易所）以及是否具有多家上市公司董秘任职经历等，主要测试问卷题目的可理解性、前后逻辑性等，并评估他们对问卷的总体印象。根据试填后反馈的十余项修改意见，在导师指导下于2023年9月完成初稿。

5. 问卷定稿审核

问卷于 2023 年 9 月通过新加坡管理大学伦理委员会审核并定稿，之后使用"问卷星"小程序生成在线问卷，通过董秘微信群、微信好友以及董秘相互转发等方式，在 A 股董秘职群中进行调研。

整体而言，问卷题目的选取和确定主要基于高阶理论、中国资本市场信息披露现状以及董秘工作实践，问卷所涉的多数问题是现有文献没有回答过但却具有较强理论和现实意义的，涵盖了董秘个人心理特征、日常履职环境和动机乃至上市公司信息披露的内部决策机制等一手资料，弥补了现有档案研究的不足，丰富了作为上市公司高管的董秘个人特征以及资本市场信息披露影响因素方面的文献，具有新颖性、独特性，并且紧贴现实。

《董事会秘书与信息披露问卷调查》全文详见附录一。

5.1.2 主要变量的测量与检验

1. 主要量表

本书使用成熟的心理学量表对董秘心理特征进行测量。以下对理论分析和研究假设中主要变量的定义、测量方法以及相应量表进行详细阐述。

（1）价值观。

在心理学领域，对价值观的研究和测量较为成熟，以施瓦茨（Schwartz）的 SVS 价值观量表最为成熟、使用率最高。在该量表中，自我超越维度包括慈善和普通价值观，是集体主义价值观；自我提高维度包括权利和成就价值观，是个人主义价值观。本章借鉴此研究成果和量表，将董秘价值观构建为集体主义和个人主义价值观。

崔明明等（2018）从富萍萍等（Fu et al., 2010）开发的中文版价值观问卷中提取用于测量自我超越价值观的6个条目，以及用于测量自我提升价值观的3个条目，其测试问卷通过信度效度的检验。本章研究借鉴由该9个条目组成的量表对董秘价值观进行测量（见表5-1）。具体测量方法为：1~6项测量集体主义价值观，7~9项测量个人主义价值观。分别测算1~6项和7~9项的平均数，如果1~6项的平均数大于等于7~9项的平均数，则该董秘具有集体主义价值观，反之具有个人主义价值观。

请您根据自己的实际感受和体会，评估以下各项描述对您个人价值观而言有多重要。

表5-1　价值观的测量

	内容	非常不重要——非常重要
1	平等（大家机会均等）	1　2　3　4　5　6　7
2	社会公正（消除不公正的现象，扶助弱小）	1　2　3　4　5　6　7
3	胸怀宽广（能包容不同的思想及信仰）	1　2　3　4　5　6　7
4	忠诚（对朋友、集体忠诚）	1　2　3　4　5　6　7
5	诚实（真实、诚恳）	1　2　3　4　5　6　7
6	乐于助人（为他人的幸福而工作）	1　2　3　4　5　6　7
7	成功（达到目标）	1　2　3　4　5　6　7
8	有抱负（辛勤工作，有理想）	1　2　3　4　5　6　7
9	有影响力（对人和事务有影响力）	1　2　3　4　5　6　7

（2）社会公理。

梁觉（Leung, 2002）构建了五因素社会公理量表（见表5-2）。本章选取其中的"劳酬相宜"维度，共14道题目，计算平均得分

(见表5-2)。

表5-2陈述的一些观点无对错之分。请您根据对每个观点同意的程度，选择相应数字：

表5-2　　　　　　　　　社会公理的测量

	内容	非常不同意——非常同意				
1	如果他/她真的尝试，就会成功	1	2	3	4	5
2	逆境是可以通过努力克服的	1	2	3	4	5
3	每个问题都有解决方案	1	2	3	4	5
4	做好事会有好报，做坏事会受到惩罚	1	2	3	4	5
5	努力的人最终会取得更大的成就	1	2	3	4	5
6	不知道如何规划自己未来的人最终会失败	1	2	3	4	5
7	知识是成功所必需的	1	2	3	4	5
8	正义终将战胜邪恶	1	2	3	4	5
9	竞争带来进步	1	2	3	4	5
10	人人关心政治，社会正义才能维护	1	2	3	4	5
11	失败乃成功之母	1	2	3	4	5
12	谦虚的人能给人留下好印象	1	2	3	4	5
13	小心有助于避免错误	1	2	3	4	5
14	相互宽容才能建立令人满意的人际关系	1	2	3	4	5

(3) 认知风格。

过往研究用人口统计学变量作为认知特征或认知风格的代理变量，如李小青等（2013）以任期、教育背景、职能背景作为认知风格的代理变量，考察高科技企业CEO认知风格对技术创新的影响。这些变量的获取源于公开信息，有的未必准确完整。为弥补人口统计学特征作为代理变量的不足，研究人员开发了在捕捉高管认知方面有较高信度和效度的文本分析法。陈守明等（2015）用文本分析法分析年报中"知识产权""技术创新"等出现的频率,来测量管理者对创新的认知程度。

萨吉夫等(Sagiv et al.,2010)将认知风格定义为"在信息以及经验的组织和加工过程中表现出来的稳定的个体差异,通过个体处理任务的一贯行为模式反映出来"。他们将认知风格分为系统型和直觉型两大类,并开发了一套量表,用于工作分析与评价。本书采用这一分类和量表用于测量董秘的认知风格[①]。具体测量方法为:分别测算1、4、5、7、9项和2、3、6、8、10项的平均数,如果前者平均数大于等于后者的平均数,则该董秘具有系统型认知风格,反之具有直觉型认知风格。

表5-3中各题项描述了不同人群的不同工作方式,每种工作类型描述的是人们做重要决策或完成一项重要任务的方式。请您评价这些描述在多大程度上符合您自身的情况。

表5-3　　　　　　　　　　认知风格的测量

	内容	非常不正确——非常正确				
1	在做任何一件重要的事情前,我会仔细规划我的行动方案	1	2	3	4	5
2	我经常追随我的直觉	1	2	3	4	5
3	如果我感觉某个方式是对的,我就认为那个做事方式适合我	1	2	3	4	5
4	在我开展一项工作以前,我先收集好所有所需信息	1	2	3	4	5
5	当我做一些非常重要的工作时,我尽量严格按照我的工作计划行事	1	2	3	4	5

---

① 本量表摘自《人力资源管理研究与实践前沿量表手册》,原文出自 Sagiv L., Arieli S., Goldenberg J. & Goldschmidt A. (2010). Structure and freedom in creativity: The interplay between externally imposed structure and personal cognitive style. *Journal of Organizational Behavior*, 31 (8): 1086-1110。

续表

	内容	非常不正确——非常正确				
6	通常，在我对该做什么还没有任何想法的时候，我就先开始做起来了	1	2	3	4	5
7	我一般都是通过系统的、有序的方式做出决定	1	2	3	4	5
8	当我决定如何行动时，我遵循我内心的感觉和情感	1	2	3	4	5
9	当我不得不在各种方案之间做出选择时，我会分析每个方案，然后选择最好的那个	1	2	3	4	5
10	我经常做了一个好的决策后还不知道自己是怎么做到的	1	2	3	4	5

（4）风险态度。

风险态度是指不同的投资者在进行投资方案选择时，面对不同收益与风险表现出的不同态度。本书使用韦伯等（Weber et al., 2002）的风险态度量表（Risk Attitude Scale）中的"金融—投资"子量表，将董秘投资风险态度分为风险厌恶型、风险中性、风险寻求型三类。具体计算方法为：受访者在该子量表上的得分比平均值高出1个标准差以上，为风险寻求型；得分比平均分低1个标准差以上，为风险厌恶型；得分介于两者之间，为风险中性型。

对于表5-4中的每一项陈述，请表明您参与每项活动或行为的可能性有多大？

表5-4　　　　　　　　风险态度的测量

	内容	非常不太可能——非常可能				
1	将年收入的10%投资于一只稳健增长的共同基金	1	2	3	4	5
2	将年收入的5%投资于一只投机性很强的股票	1	2	3	4	5
3	将年收入的5%投资于一只可靠且保守的股票	1	2	3	4	5
4	将年收入的10%投资于一家新企业	1	2	3	4	5

(5) 人格特质。

本章采用大五人格量表 Mini – IPIP (Donnellan et al., 2006; Li et al., 2012) 测量董秘的人格特质。具体方法为：当某一项人格特质得分大于等于其他四项人格特质得分时，则该董秘具有这一项人格特质①。

表 5 – 5 是一些有关自我情感、态度和行为的陈述。请仔细阅读每个陈述，看是否适合用来描述你自己。

表 5 – 5 人格特质的测量

	内容	非常不同意——非常同意				
1	是聚会中的灵魂人物 E	1	2	3	4	5
2	能对他人的情感产生共鸣 A	1	2	3	4	5
3	能迅速处理好日常琐事 C	1	2	3	4	5
4	情绪容易波动 N	1	2	3	4	5
5	有着生动的想象力 O	1	2	3	4	5
6	话不多 E	1	2	3	4	5
7	对他人的困难不感兴趣 A	1	2	3	4	5
8	经常忘记把东西放回原处 C	1	2	3	4	5
9	很多时候感到放松 N	1	2	3	4	5
10	对抽象的观念不感兴趣 O	1	2	3	4	5
11	在聚会中和许多不同的人交谈 E	1	2	3	4	5
12	能体会他人的内心感受 A	1	2	3	4	5
13	喜欢秩序 C	1	2	3	4	5

---

① "大五"人格的具体计分规则为：外向性 COMPUTE E = IPIP1 + (6 – IPIP6) + IPIP11 + (6 – IPIP16)；宜人性 COMPUTE A = IPIP2 + (6 – IPIP7) + IPIP12 + (6 – IPIP17)；责任感 COMPUTE C = IPIP3 + (6 – IPIP8) + IPIP13 + (6 – IPIP18)；神经质 COMPUTE N = IPIP4 + (6 – IPIP9) + IPIP14 + (6 – IPIP19)；开放性 COMPUTE O = IPIP5 + (6 – IPIP10) + (6 – IPIP15) + (6 – IPIP20)。

续表

	内容	非常不同意——非常同意				
14	很容易感到失落 N	1	2	3	4	5
15	对抽象观念的理解感到困难 O	1	2	3	4	5
16	喜欢在幕后，很少显山露水 E	1	2	3	4	5
17	对其他人不感兴趣 A	1	2	3	4	5
18	事情总是混乱且没有头绪 C	1	2	3	4	5
19	很少感到忧郁 N	1	2	3	4	5
20	想象力不好 O	1	2	3	4	5

(6) 主动性人格。

采用主动性人格量表（Li et al., 2014），共10道题。具体测量方法为：计算1~10项的平均数，如果平均数大于等于4，则具有主动性人格，否则为其他人格。

请您根据自己的实际感受和体会，用表5-6中的10项描述对您自身情况进行评价和判断。

表5-6　　　　　　主动性人格的测量

	内容	非常不同意——非常同意				
1	我不断地寻找能够改善生活的新办法	1	2	3	4	5
2	无论在哪儿，我都会有力地推动建设性的改变	1	2	3	4	5
3	最让我兴奋的事是看到我的想法变成现实	1	2	3	4	5
4	如果看到不喜欢的事，我会想办法去解决它	1	2	3	4	5
5	不论成功机会有多大，只要我相信一件事，我就会将它变为现实	1	2	3	4	5
6	即使别人反对，我也愿意坚持自己的想法	1	2	3	4	5
7	我善于发现机会	1	2	3	4	5

续表

	内容	非常不同意——非常同意				
8	我总是在寻找更好的方法来做事	1	2	3	4	5
9	如果我相信某个想法,那就没有任何困难能够阻止我去实现它	1	2	3	4	5
10	我能比其他人更早地发现好机会	1	2	3	4	5

(7) 工作满意度。

参考郭晓薇(2011)选取工作满意度作为态度变量。采用贾奇等(Judge et al.,1998)的量表测量工作满意度。测量方法为:计算 1~5 项的平均得分。

请根据自己的实际感受和体会,用表 5-7 中的 5 项描述对您的工作进行评价和判断。

表 5-7　　　　　　　　工作满意度的测量

	内容	非常不同意——非常同意				
1	大部分时间,我对自己的工作是有热情的	1	2	3	4	5
2	我对目前的工作相当满意	1	2	3	4	5
3	在工作中我能找到真正的乐趣	1	2	3	4	5
4	我每天上班都感觉熬不到头	1	2	3	4	5
5	我觉得我的工作不令人愉快	1	2	3	4	5

(8) 沟通能力。

由于对受访人直接问卷测量沟通能力可能存在较高的自我认知偏差,为减少这种偏差,沟通能力问卷通常会包括自评和他评两种渠道。本书的研究系对不特定样本的上市公司董秘进行问卷,如再对其所在公司其他成员如证券事务代表、CFO 等高管进行问卷,从消除自我认知偏差的角度是最科学严谨的,但现实中难度较大。基于此,本章采用杨湘怡(2007)沟通能力测量工具,仅对董秘本人进行问卷;同时,辅之以直接询问董秘接待投资者调研次数、频率等取得相关数据,系因董秘接待投资者调研兼具信息披露及投资者关系管理功能,是董秘工作内涵的集中体现(徐泽林等,2021)。董秘沟通能力自评,通过计算表5-8中1~4项的平均分确定。

根据自己的实际情况,对表5-8中的描述与您的相符程度进行判断,选择最符合的数字。

表5-8 沟通能力的测量(自评)

	内容	非常不同意——非常同意				
1	简洁明了,迅速地完成文件撰写,并且很容易使他人理解	1	2	3	4	5
2	在交谈前做充分的准备工作,能够直接解释专业技术问题	1	2	3	4	5
3	所写的方案经常可以得到他人认同,并且受到积极的反馈	1	2	3	4	5
4	与听者进行互动,表达重点并简洁明了	1	2	3	4	5

(9)身份认同感。

借鉴薛婷等(2013)的社会认同量表。测量方法:计算表5-9中1~3项的平均得分。

根据自己的实际感受和体会,对表5-9中的描述进行判断,选择最符合的数字。

表5-9 身份认同感的测量

	内容	非常不同意——非常同意				
1	董秘这个身份对我来说很重要	1	2	3	4	5
2	我喜欢董秘这个身份	1	2	3	4	5
3	我以身为董秘为荣	1	2	3	4	5

(10) 心理授权。

心理授权是指授权的个体体验的综合体,这个综合体是四种认知的格式塔,包括工作意义、自我效能、工作自主性和工作影响。本章采用李超平等(2006)修订的心理授权量表(见表5-10),共12题。其中,工作意义(1~3题)是个体根据自己的价值体系和标准,对工作目标和目的价值的认知;工作自主性(4~6题)是个体对工作活动的控制能力;自我效能(7~9题)是个体对自身完成工作能力的认知;工作影响(10~12题)是个体能够在多大程度上影响所在组织的战略、行政、管理、运营等方面的结果。具体变量测量方法:分别计算工作意义、自我效能、工作自主性和工作影响的平均得分。

请根据您在信息披露工作中的实际感受和态度,对表5-10中的描述进行评价和判断。

表5-10　　　　　　　　　心理授权的测量

	内容	非常不同意——非常同意				
1	我所做的工作对我来说非常有意义	1	2	3	4	5
2	工作上所做的事对我来说非常有意义	1	2	3	4	5
3	我的工作对我来说非常重要	1	2	3	4	5
4	我自己可以决定如何着手来做我的工作	1	2	3	4	5
5	在如何完成工作上,我有很大的独立性	1	2	3	4	5
6	在决定如何完成我的工作上,我有很大的自主权	1	2	3	4	5
7	我掌握了完成工作所需要的各项技能	1	2	3	4	5
8	我自信有做好工作上的各项事情的能力	1	2	3	4	5
9	我对自己完成工作的能力非常有信心	1	2	3	4	5
10	我对发生在本部门的事情的影响非常大	1	2	3	4	5
11	我对发生在本部门的事情起着很大的控制作用	1	2	3	4	5
12	我对发生在本部门的事情有重大的影响	1	2	3	4	5

2. 量表的信度效度检验

为检验本研究数据可靠性，以下从信度和效度两个角度进行检验。其中，信度分析强调某一变量量表各题项的稳定性和内部一致性，稳定性是指对被调查者使用一样的衡量标准；而内部一致性则代表各题项之间的相关性，即是否代表了同一个构念（Revelle & Zinbarg，2009）。

（1）信度检验。

信度的检验方法与小样本预测试的方法类似，使用软件 SPSS 22.0 中的可靠性分析功能获取克隆巴赫（Cronbach's）α 系数、可靠性指数（CITC）和组合信度（CR），以评估各量表的信度，信度分析结果见表 5-11。一般来说，只有当 Cronbach's α 系数大于 0.6、组合信度（CR）大于 0.7 时，说明测量量表具有较高的稳定性，信度较高（Hair et al.，2006；Taber，2018）。另外，可靠性指数（CITC）大于 0.4 时，则代表测量题项与量表整体构念之间存在较高的内在一致性（Kerlinger，1986）。

表 5-11　　　　　　　量表信度分析

变量	维度	题项数量	CITC	Cronbach's α	CR
价值观	集体主义	6	[0.618, 0.707]	0.860	0.889
	个人主义	3	[0.768, 0.773]	0.880	
社会公理		14	[0.411, 0.636]	0.855	0.858
认知风格	直觉型	5	[0.468, 0.578]	0.745	0.780
	系统型	5	[0.549, 0.597]	0.795	
风险态度		4	[0.434, 0.513]	0.656	0.709

续表

变量	维度	题项数量	CITC	Cronbach's α	CR
人格特质	外向型	4	[0.410, 0.439]	0.732	0.720
	宜人型	4	[0.428, 0.517]	0.728	
	责任感	4	[0.547, 0.635]	0.763	
	神经质	4	[0.503, 0.679]	0.773	
	开放型	4	[0.489, 0.534]	0.684	
主动性人格		10	[0.456, 0.705]	0.881	0.884
工作满意度		5	[0.467, 0.615]	0.701	0.746
沟通能力		4	[0.697, 0.792]	0.886	0.886
身份认同感		3	[0.788, 0.880]	0.922	0.923
心理授权	工作意义	3	[0.633, 0.788]	0.858	0.898
	工作自主权	3	[0.694, 0.778]	0.862	
	自我效能	3	[0.593, 0.768]	0.828	
	工作影响	3	[0.822, 0.862]	0.923	

从表5-11中可看出，变量"风险态度"的Cronbach's α系数和组合信度（CR）最小，分别为0.656和0.709；变量"心理授权"在"工作影响"维度的Cronbach's α系数最大，为0.923，而组合信度（CR）最大的是变量"身份认同感"（0.923）。鉴于此，可以认为本研究所用量表具有较强的稳定性。另外，表5-11中的可靠性指数（CITC）列出了每个变量量表每个维度中各题项的CITC范围，由于变量"人格特质"在"外向型"维度的CITC值最小，为0.410（大于标准值0.4），所以可以认为测量题项与量表整体构念之间存在较高的内在一致性。结合以上两方面的结果，本研究所用量表具有较高信度，可进行后续分析。

（2）效度检验。

效度是指测量方法或指标能够准确测量出所定义构念或变量的程度，即变量所包含题项能否准确衡量其真正特征。效度的检验包括内容效度和结构效度两部分。在内容效度方面，由于本研究使用的量表均参考了国内外优秀期刊上的成熟量表，并且根据访谈情况、专家意见以及预调研的结果进行了多次修改和完善，所以量表的内容效度是可以保证的。在结构效度方面，对其检验包括收敛效度检验和区别效度检验两部分，使用软件 AMOS 22.0 通过验证性因子分析（confirmatory factor analysis，CFA）进行具体分析。其中，收敛效度是对同一构念观测结果的关联程度的检测，可用标准化因子载荷值和平均方差萃取量（AVE）来评估。区别效度通过对比变量的平均方差萃取量（AVE）的平方根与该变量不同维度间相关系数的大小进行检验（Fornell & Larcker，1981）。

首先，验证性因子分析中拟合优度的指标需要满足以下标准：$\chi^2/\mathrm{df} < 3$；$\mathrm{CFI} > 0.8$；$\mathrm{NFI} > 0.8$；$\mathrm{GFI} > 0.8$；$\mathrm{AGFI} > 0.8$；$\mathrm{SRMR} < 0.05$；$\mathrm{RMSEA} < 0.08$（Byrne，1998）。从表 5-12 中可以看出以上参数均符合要求，可进行后续的收敛效度及区别效度的分析。另外，在收敛效度中，标准化因子载荷值和平均方差萃取量（AVE）均需大于 0.5，量表才能达到一个理想的效度。如表 5-12 所示，变量"心理授权"在"工作影响"维度下的 AVE 值最大为 0.868，变量"风险态度"的 AVE 值最小为 0.579，所有变量及其维度均满足标准。对于标准化因子载荷值，各变量不同维度下所有题项均达到标准，进一步验证了 AVE 值的结果。其次，在进行量表的区别效度分析时，由于变量"社会公理""风险态度""主动性人格""工作满意度""沟通能力"和"身份认同感"没有区分不同的维度，所以不需要进行此分析。在表 5-13 中，变量"价值观""认知风格"

"人格特质"和"心理授权"不同维度的 AVE 值的平方根均大于同一变量下其他维度相关系数的绝对值，说明这些变量不同维度之间的设置合理。综上所述，本书的研究所使用的量表在信度和效度方面均达到标准，能够进行后续的实证分析。

表 5-12　　　　　　　　量表收敛效度分析

变量	维度	题项数量	标准化因子载荷值	平均方差萃取量（AVE）	验证性因子分析参数
价值观	集体主义	6	[0.543, 0.769]	0.683	
	个人主义	3	[0.605, 0.772]	0.691	
社会公理		14	[0.689, 0.835]	0.831	
认知风格	直觉型	5	[0.528, 0.697]	0.726	
	系统型	5	[0.568, 0.714]	0.688	
风险态度		4	[0.521, 0.657]	0.579	
人格特质	外倾型	4	[0.579, 0.737]	0.647	$\chi^2/df = 1.798$；[CFI] = 0.925；[NFI] = 0.839；[GFI] = 0.856；[AGFI] = 0.902；[SRMR] = 0.034；[RMSEA] = 0.068
	宜人型	4	[0.659, 0.786]	0.749	
	责任感	4	[0.603, 0.802]	0.766	
	神经质	4	[0.566, 0.793]	0.721	
	开放型	4	[0.674, 0.756]	0.711	
主动性人格		10	[0.769, 0.877]	0.863	
工作满意度		5	[0.684, 0.815]	0.799	
沟通能力		4	[0.734, 0.788]	0.698	
身份认同感		3	[0.622, 0.684]	0.704	
心理授权	工作意义	3	[0.769, 0.833]	0.796	
	工作自主权	3	[0.813, 0.871]	0.823	
	自我效能	3	[0.805, 0.835]	0.856	
	工作影响	3	[0.847, 0.871]	0.868	

表 5-13　量表区别效度分析

变量	维度	价值观 (1)	价值观 (2)	认知风格 (3)	认知风格 (4)	人格特质 (5)	人格特质 (6)	人格特质 (7)	人格特质 (8)	人格特质 (9)	心理授权 (10)	心理授权 (11)	心理授权 (12)	心理授权 (13)
价值观	集体主义 (1)	**0.826**												
价值观	个人主义 (2)	0.338**	**0.831**											
认知风格	直觉型 (3)			**0.852**										
认知风格	系统型 (4)			0.456**	**0.829**									
人格特质	外倾型 (5)					**0.804**								
人格特质	宜人型 (6)					0.339**	**0.865**							
人格特质	责任感 (7)					0.173**	0.250**	**0.875**						
人格特质	神经质 (8)					0.132**	0.331**	0.119*	**0.849**					
人格特质	开放型 (9)					0.387**	0.407**	0.250**	0.254*	**0.843**				
心理授权	工作意义 (10)										**0.892**			
心理授权	工作自主权 (11)										0.800**	**0.907**		
心理授权	自我效能 (12)										0.604**	0.373**	**0.925**	
心理授权	工作影响 (13)										0.507**	0.414**	0.325**	**0.932**

注：* 表示 P<0.05，** 表示 P<0.01；对角线上的加粗数值为平均方差萃取量（AVE）的平方根。其他数值为该变量不同维度间相关系数的绝对值。

5.2 问卷的发放与回收

本次调查共收回问卷 406 份，有 4 份因未填写股票代码予以剔除，有效问卷 402 份（本章内容为对问卷的结果分析，故未剔除 1 份金融行业样本），问卷有效率达 99%。问卷的发放至回收的时间范围为 2023 年 9 月 23 日至 12 月 23 日，主要是通过董秘微信群、微信好友以及董秘帮助转发等方式，随机发送在线调查链接给现任或曾任董秘职务的相关人士，在问卷中告知受访者问卷调查的目的、可能的耗时以及研究课题，并明确表示问卷是自愿和保密的。有效回收的 402 份样本中，受访董秘累计任职的上市公司家数约 465 家，占 A 股沪深交易所上市公司数量近 9%；现任董秘所任职过的上市公司覆盖总共 19 个大类中的 16 个行业大类（见图 5-1）、55 个二级行业，其中来自制造业上市公司的最多，共 245 家，占 66.22%；问卷所涵盖的上市公司来自全国 20 余个省份。

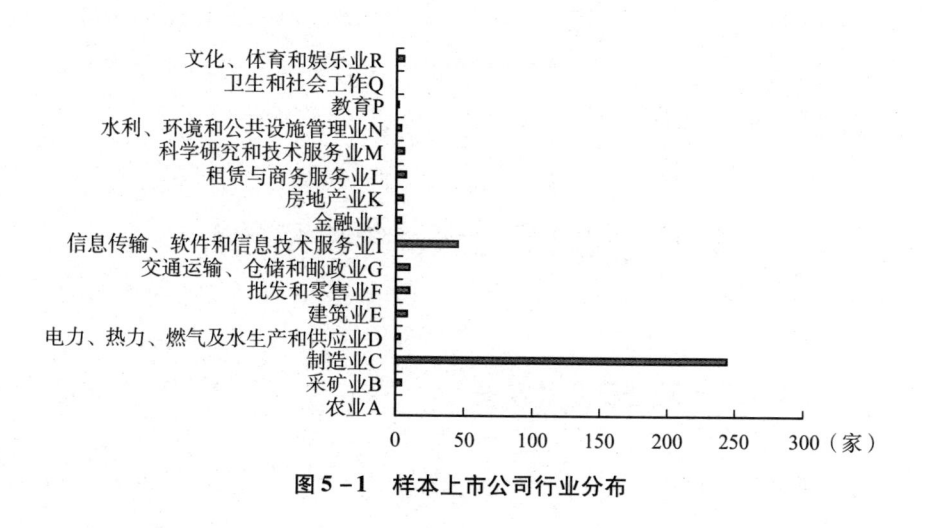

图 5-1 样本上市公司行业分布

本次调查得到众多 A 股上市公司董秘的支持和配合，回收的样本及回复内容体现了以下创新和特色：（1）首次取得 A 股董秘个人的价值观、社会公理、认知风格、风险态度、人格特质、主动性人格等心理特征一手数据；（2）直接取得的董秘人口统计学特征数据，如工作经历、专业背景、兼职状态等也较现有公开数据更为具体、翔实；（3）系统调查了上市公司董秘的工作自主权、工作满意度、沟通频率、个人声誉、ESG 信息披露动机、对利益相关方重要性的排序以及不同信息披露场景下决策时面临的内外部环境因素等直接证据，内容丰富全面，信息量大。

5.3　问卷具体分析方法

问卷数据的处理借助 SPSS 软件完成。同时，为全面反映来之不易的问卷调查结果，本章将问卷分析按照描述性统计和深入分析两个层次进行。首先，按照问卷的内容和顺序，对各个问题的回答情况进行全面描述，以期准确揭示问卷全貌，通过描述性统计揭示调查样本的总体特征，并将其与沪深两市全部上市公司董秘的主要基本特征进行对比；其次，根据描述性统计的结果，选取部分重要问题，结合相关理论和现阶段我国资本市场实际进行深入分析。

5.4　问卷综合统计结果及分析

5.4.1　样本人口统计学特征

在总共 402 份有效样本中，现任上市公司董秘 322 人，占

80.1%,曾任上市公司董秘80人,占19.9%。将样本数据与沪深交易所全市场数据相比,无论性别、学历、年龄,均与全市场董秘的人口统计学数据保持较高一致性,凸显调查样本具有很强代表性。

问卷第一部分是个人基本情况,主要侧重于董秘的人口统计学特征。由于这部分数据系直接向董秘本人调查获取,故较之现有公开数据库中上市公司高管的个人信息更为详细、具体,也更具时效性,详细信息如表5-14所示。

表5-14 受访董秘的人口统计学特征

身份特征	现任董秘	占比(%)	80.1	性别	男性	占比(%)	63.18
	曾任董秘		19.9		女性		36.82
当前岗位任职时长	3年以下	占比(%)	29.5	学历	大专及以下	占比(%)	2.99
	4~6年		30.43		本科/学士		43.03
	7~9年		18.32		研究生/硕士		52.74
	10~12年		9.63		博士及以上		1.24
	13~15年		5.59	高考分科	文科	占比(%)	47.51
	15年以上		6.52		理科		52.49
累计任职董秘时长	3年以下	占比(%)	23.63	取得过的学历或资格证书	金融类	占比(%)	38.56
	4~6年		27.61		财会类		38.81
	7~9年		21.64		法律类		16.92
	10~12年		12.19		经济类		31.84
	13~15年		6.22		管理类		38.06
	15年以上		8.71		营销类		2.49
年龄区间	30岁以下	占比(%)	1.00		语言类		6.47
	31~35岁		8.71		其他人文社科类		4.23
	36~40岁		23.38		理工科类		16.67
	41~45岁		25.37				
	46~50岁		19.65				
	51岁及以上		21.89				

续表

是否兼任其他岗位	是	占比(%)	68.66	成为董秘之前的工作经历或岗位	财务	占比(%)	29.6
	否		31.34		法务		13.43
如是，具体兼任的岗位	董事	占比(%)	27.17		金融		26.37
	董事长/总经理		1.09		投资		35.82
	副总经理		59.78		销售/市场		15.17
	财务总监		19.57		行政管理		26.87
	战略投资部门负责人		23.55		生产		5.47
	法务部门负责人		27.54		运营		10.7
	审计部门负责人		10.14		研发		4.48
	可持续发展部门		6.88		研究		4.48
	其他		17.03		其他		13.68

受访董秘中，男性董秘254人，占63%，女性董秘148人，占37%，与全市场男女董秘分别占66%和34%大致相当（见图5-2、图5-3）。

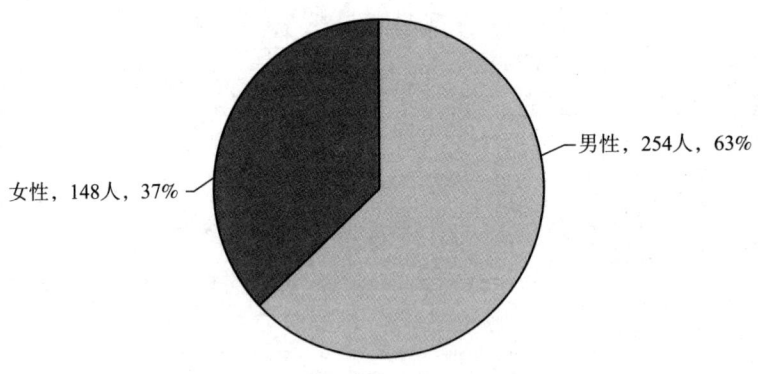

图5-2 受访董秘性别分布比例

女性，1 689人，34%

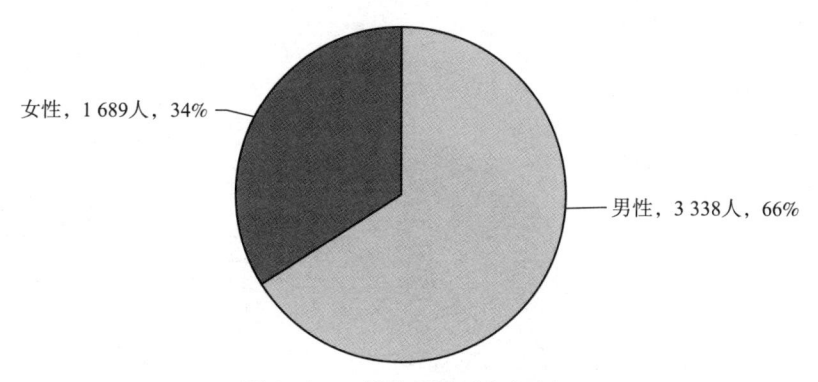

男性，3 338人，66%

图 5-3　A 股董秘性别分布比例

年龄方面，调查样本中2/3的董秘年龄在40岁以上，其中41~50岁的181人，占受访董秘总数的45%，而全市场董秘平均年龄为45岁，中坚力量也为40~50岁群体，占比46%，受访董秘年龄结构与全市场数据基本一致（见图5-4、图5-5）。可见，董秘并不是一个"吃青春饭"的岗位，其工作的开展通常需要专业、经验和资历的累积。

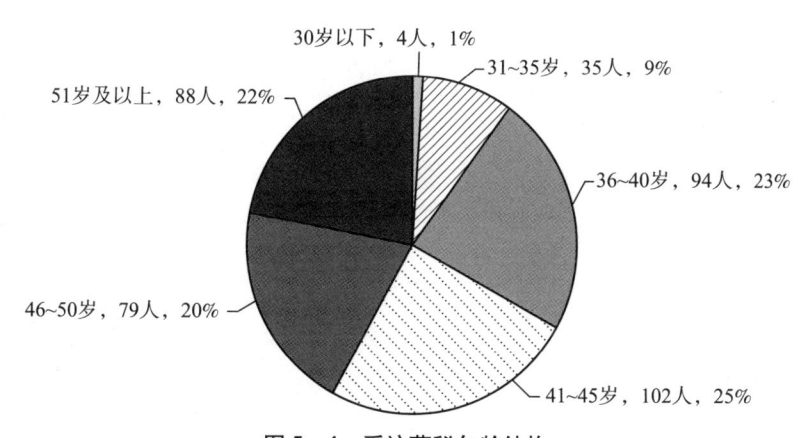

30岁以下，4人，1%
31~35岁，35人，9%
36~40岁，94人，23%
41~45岁，102人，25%
46~50岁，79人，20%
51岁及以上，88人，22%

图 5-4　受访董秘年龄结构

图 5-5 　A 股董秘年龄结构

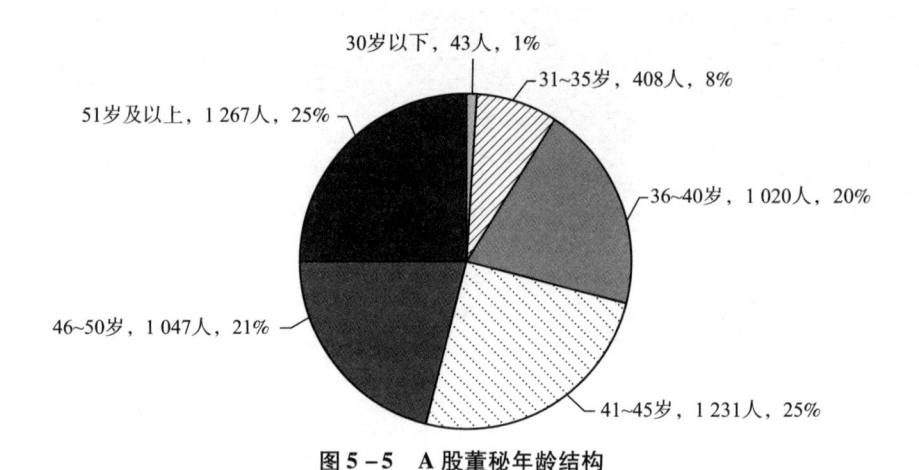

30 岁以下，43 人，1%
31~35 岁，408 人，8%
36~40 岁，1 020 人，20%
41~45 岁，1 231 人，25%
46~50 岁，1 047 人，21%
51 岁及以上，1 267 人，25%

任职时长方面，样本数据显示，无论是在当前公司的任职时长（见图 5-6）还是累计任职时长（见图 5-7），占比最高的均为 4~6 年，分别为 30.43% 和 27.61%，其次是 3 年以下，而根据《中国上市公司董秘履职报告（2023）》，全市场董秘平均任期为 5.25 年，任职经验比较丰富；调查结果还显示，在同一家公司担任董秘 10 年以上或累计任职时长超过 10 年的"十年陈"董秘占比分别达 21.74% 和 27.12%，说明市场上不乏"忠心耿耿"服务于一家企业或专心致志成为"职业董秘"的人士；3 年以下任职经验的新生代董秘的崛起，则充分体现了注册制下 IPO 扩容带来上市公司迅猛增加，和随之而来对董秘需求的增加，但 2023 年以来 IPO 事实上的停滞，导致新上市公司锐减，这一数据将可能随之发生变化。

第 5 章 问卷和访谈设计、样本特征及结果分析

图 5-6 受访董秘当前岗位任职时长

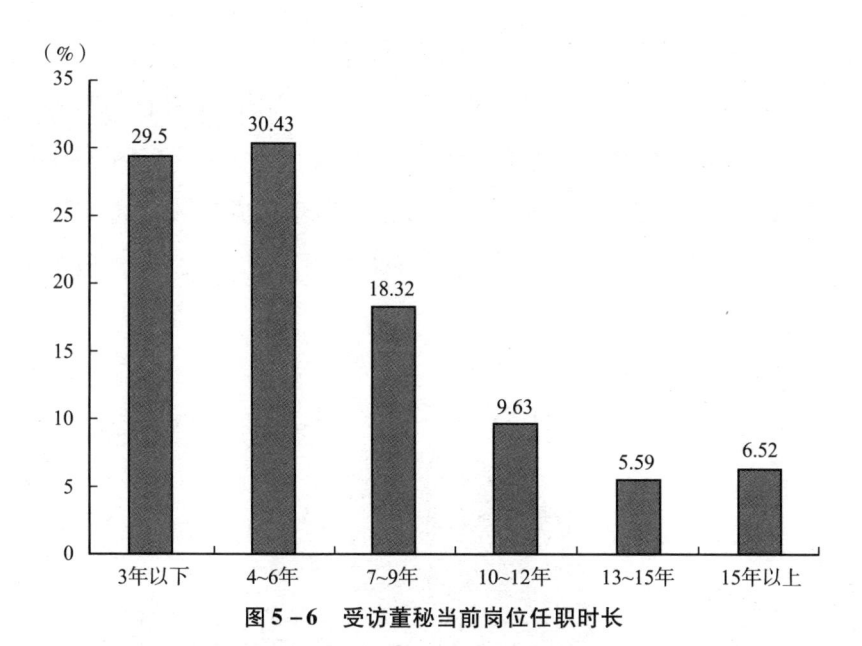

图 5-7 受访董秘累计任职时长

学历方面，有390名即高达97%的受访董秘拥有本科及以上学

历,其中最高学历为硕士及以上的217名,占54%(见图5-8)。而就整体A股市场而言,45%的董秘拥有本科学历,49%的董秘拥有硕士以上学历,即94%以上的董秘拥有本科以上学历(见图5-9)。样本数据与全市场董秘"硕士学历多于本科学历成为A股主流"相符,但调查样本中硕士以上学历较整体A股市场高出5%,显示出本次受访人群整体层次较高。

图5-8 受访董秘学历结构

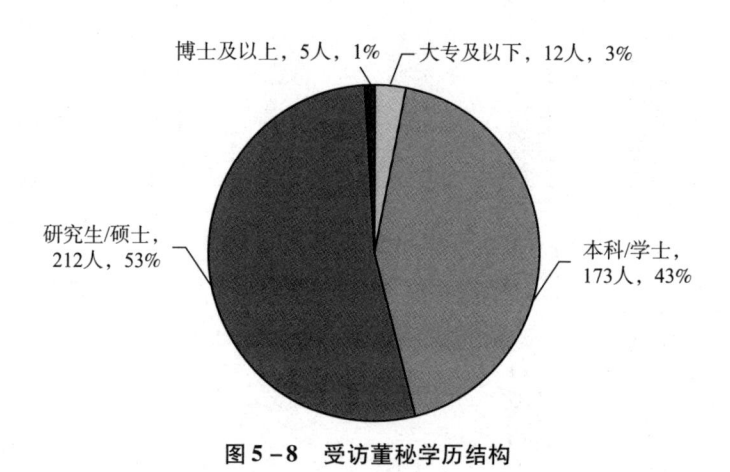

博士及以上,5人,1%
大专及以下,12人,3%
研究生/硕士,212人,53%
本科/学士,173人,43%

图5-9 A股董秘学历结构

博士及以上,125人,3%
大专及以下,242人,5%
研究生/硕士,2 365人,47%
本科/学士,2 249人,45%

问卷还考察了董秘们高考时的文理科背景（见图5-10），旨在辅助考察董秘们的认知风格，调查结果显示理科生211名，占52.49%，文科生191名，占47.51%，第一学历理科背景董秘多于文科背景董秘，可见"董事会秘书"确实并非传统意义上的"文秘"或"秘书"，并且董秘职群整体学历水平较高。

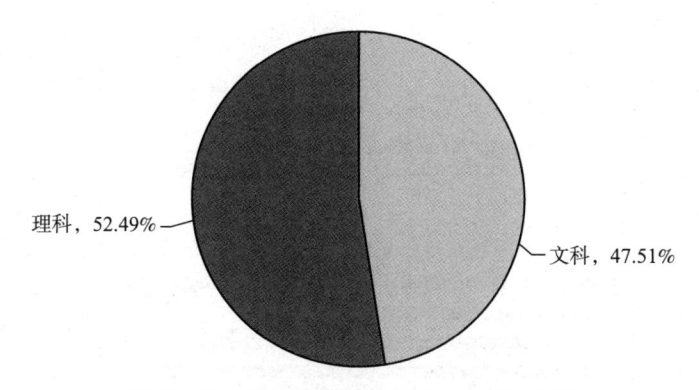

图5-10 受访董秘高考分科（文理）背景

董事会秘书的履职需以优秀的专业胜任能力和丰富的经验为支撑。调查样本显示，拥有财会（38.81%）、金融（38.56%）、管理（38.06%）、经济（31.84%）、法律（16.92%）专业背景的董秘有372人，占92.5%（见图5-11）；多数董秘此前的工作经历（见图5-12）涉及投资（35.82%）、财务（29.6%）、行政管理（26.87%）、金融（26.37%）、法务（13.43%）等，这与沪深交易所要求董事会秘书需具备"履行职责所必需的财务、管理、法律等专业知识"可能是互为因果的。但无论是专业背景还是过往经历，法律背景分别只占16.92%和13.43%，显著低于财务、金融背景，过往工作经历中法务背景（13.43%）甚至低于销售/市场（15.17%），既在意料之外也在情理之中，说明注册制下对董秘的

91

要求确实逐渐从之前的"合规性"为主向"有效性"转变，需要董秘拥有更多财务金融、行业知识和分析能力，也与第 38 题"董秘哪些个人方面的因素会对信息披露质量产生影响"的回答中，"专业背景或行业知识"以 91.29% 的比例遥遥领先于其他选项相互印证，而 2021 年"新财富"机构调查发布的《2020 年董秘价值报告》显示，彼时董秘最重要的能力是"法律法规知识"，以 77.76% 的占比高居各项能力榜首。过往经历显示"其他"的也有 13.68%，这些经历包括证券事务代表、人力资源、行政（办公室主任、秘书、董事长助理）、法务、审计、媒体、外贸等。

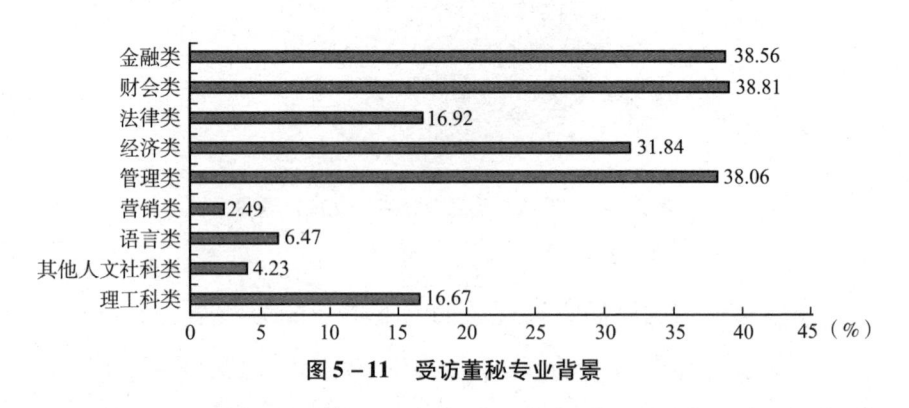

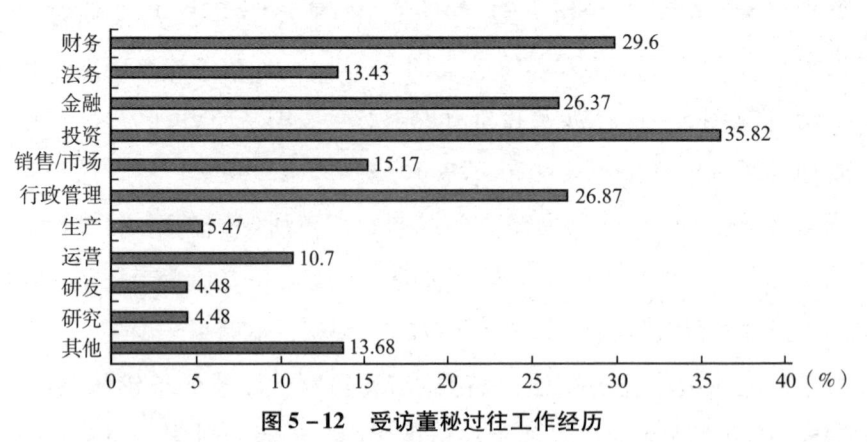

专业类别	比例(%)
金融类	38.56
财会类	38.81
法律类	16.92
经济类	31.84
管理类	38.06
营销类	2.49
语言类	6.47
其他人文社科类	4.23
理工科类	16.67

图 5-11　受访董秘专业背景

工作经历	比例(%)
财务	29.6
法务	13.43
金融	26.37
投资	35.82
销售/市场	15.17
行政管理	26.87
生产	5.47
运营	10.7
研发	4.48
研究	4.48
其他	13.68

图 5-12　受访董秘过往工作经历

另外，有68.66%的董秘在公司还兼任其他岗位（见图5-13）。其中，兼任副总经理的最多（59.78%），其次是法务部门负责人（27.54%）、董事（27.17%）、战略投资部门负责人（23.55%）以及财务总监（19.57%），董秘兼任其他岗位的占比也有17.03%，包括党委、人力资源、行政综合、资产管理以及子公司董事长、总经理、董事等职。调查样本中兼职比例与全市场同时担任多项职务的董秘占比（68.39%）几乎一致。过往研究（高强等，2008；卜君，2018）大多证明兼任其他重要岗位的董秘实际权力更大，有助于信息获取进而提高信息披露质量。

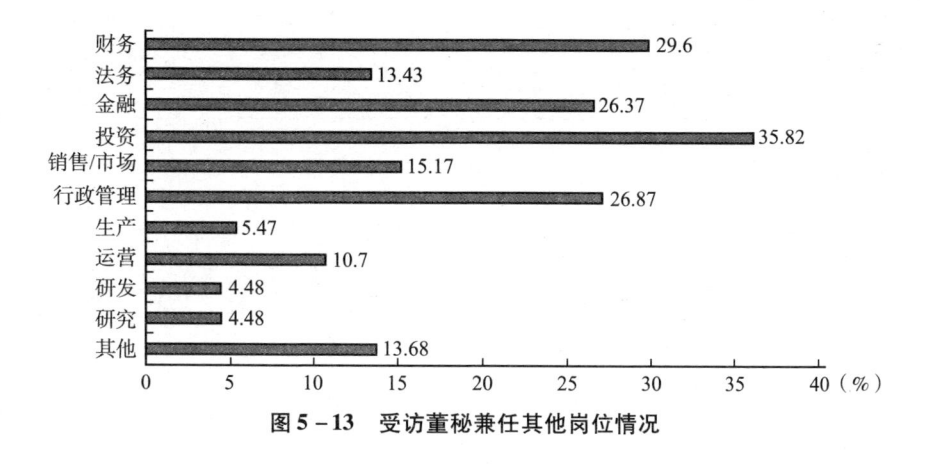

岗位	比例(%)
财务	29.6
法务	13.43
金融	26.37
投资	35.82
销售/市场	15.17
行政管理	26.87
生产	5.47
运营	10.7
研发	4.48
研究	4.48
其他	13.68

图5-13　受访董秘兼任其他岗位情况

5.4.2　董秘心理特征

问卷第二部分共10道题，主要调查问题是董秘心理特征，包括价值观、社会公理、认知风格、风险态度、人格特质、主动性人格等（见表5-15），此部分题目设计多使用现有成熟的心理学量表。对于本部分涉及赋值分为Likert5（价值观为Likert7）等级的题目，其描述性统计分析采用百分比的方式进行直观描述，并附以均值反映样本的平均状态。

表 5-15　　　　　　　　　董秘心理特征

价值观	集体主义价值观	占比（%）	72.89	认知风格	系统型认知风格	占比（%）	88.56
	个人主义价值观		27.11		直觉型认知风格		11.44
社会公理	1分	占比（%）	0	人格特质	责任感	占比（%）	57.71
	2分		0.75		开放性		23.63
	3分		14.67		宜人性		15.17
	4分		71.89		外向性		1.74
	5分		12.69		神经质		1.74
风险态度	风险厌恶型	占比（%）	16.92	主动性人格	主动性人格	占比（%）	41.29
	风险中性		67.91		其他		58.71
	风险寻求型		15.17				

1. 价值观

图 5-14 直观展示了受访董秘价值观各因子的得分情况，该量表平均为 6.06 分（Likert7 等级），其中诚实（6.53 分）、忠诚（6.41 分）、胸怀宽广（6.31 分）得分位列前三，是董秘最看重的价值因子，这既高度吻合于《公司法》等法律法规对高管"勤勉、尽责"的法定要求，也是股东对管理层的最大期待。根据该价值观量表开发者的解释，1~6 项（平等、公正、胸怀宽广、忠诚、诚实、乐于助人）测量集体主义价值观，7~9 项（成功、有抱负、有影响力）测量个人主义价值观，结果显示调查样本中持集体主义价值观的董秘 293 人，占 72.89%；持个人主义价值观的董秘 109 人，占 27.11%。绝大多数上市公司董秘持集体主义即利他主义价值观，这一方面可能与中国社会整体的集体主义文化和教育背景相关，施

瓦茨(Schwartz)曾表示"个人主义—集体主义理论需要关注社会文化背景",金盛华等(2019)研究了中国人价值观的结构特点,发现集体主义得分显著高于个人主义,表明中国长期以来的文化和教育背景下,集体主义是主流文化;另一方面,从董秘岗位职责的内涵看,其维护的是上市公司整体利益,特别是要兼顾外部中小股东和利益相关方的利益,故其岗位天然也应有"利他主义"的一面,故多数董秘持集体主义价值观符合岗位属性。

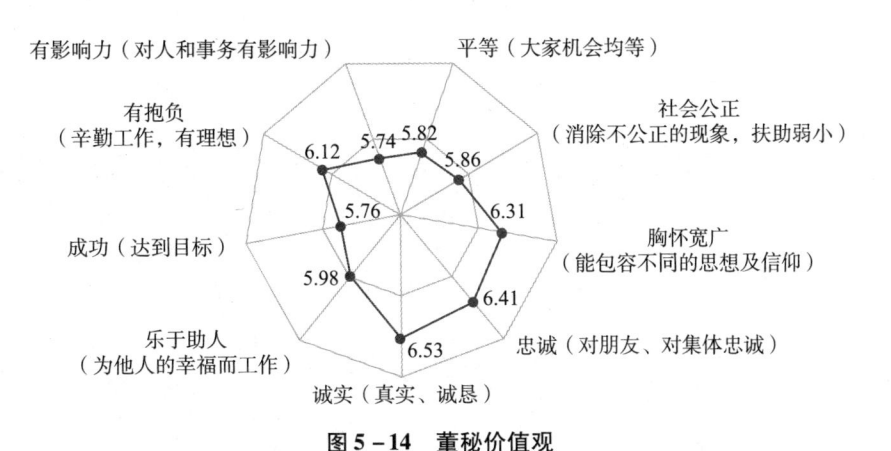

图 5-14 董秘价值观

2. 社会公理

问卷使用梁觉(Leung,2002)量表中的"劳酬相宜"维度。调查显示,董秘社会公理平均得 3.92 分(见图 5-15)。其中,位列前三的是知识是成功所必需的(4.39 分)、相互宽容才能带来令人满意的人际关系(4.38 分)、竞争带来进步(4.32 分)。董秘社会公理得分总体较高,表明多数董秘认可"努力工作会带来回报"理念。令人欣喜的是,现实也如董秘们所愿:一方面,从狭义意义上的薪酬水平看,2023 年全国董秘平均薪酬 76.4 万元,并且自

2018年以来年均涨幅超过6%，董秘整体上属于高薪职业经理人群体；另一方面，从声誉回报看，55.72%的董秘曾获得相关机构授予的奖项，78.11%的董秘认同"董秘"身份标签。现实中，董秘们也会关注每年年报披露后各大财经媒体发布的"董秘薪酬排行榜"，乐此不疲地参加以"新财富金牌董秘"为代表的各类评选，以此彰显自己在董秘界的成就。可见，无论是物质还是精神层面，董秘岗位都体现了努力工作带来的益处。

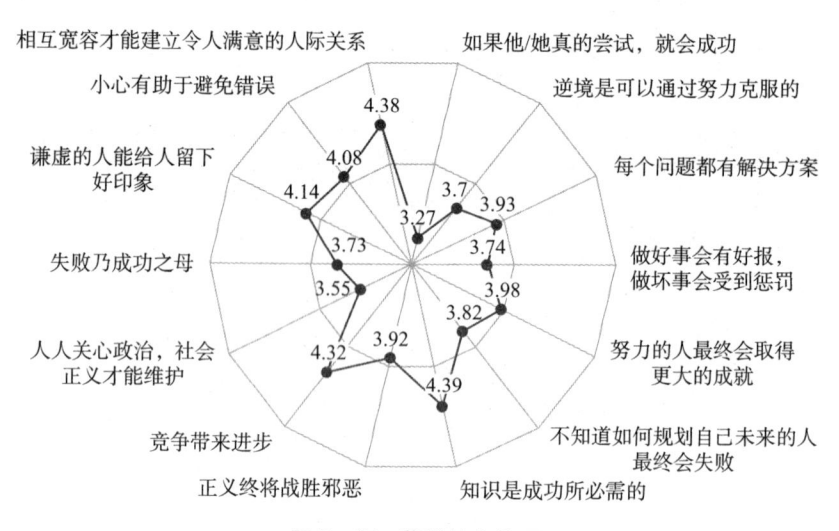

图 5–15　董秘社会公理

3. 认知风格

图5–16统计结果显示，认知风格量表平均得分为3.74分，绝大多数董秘倾向于分析每个方案后选择最好的（4.4分）、仔细规划行动方案（4.39分）、严格按计划行事（4.35分），该三项得分最高的因子均对应系统型认知风格。系统型认知风格董秘356人，占88.56%；直觉型认知风格46人，仅占11.44%。多数董秘在信息处

理时都倾向于更有逻辑和系统分析、规划、按计划行事以及基于信息收集等做出决策,即基于规则处理信息。而前述关于董秘中理科生占 52.49%,文科生占 47.51%,董秘的文理科结构与认知风格比例分布并不完全匹配,看来过去普遍认为文科生偏感性、凭直觉思考问题的观念可能也是大家"凭直觉"得出的结论。

图 5-16　董秘认知风格

4. 风险态度（投资风险倾向）

图 5-17、图 5-18 显示,风险态度量表平均得分 3.49 分。经测算,风险中性董秘 273 人,占 67.91%;风险寻求型 61 人,占 15.17%;风险厌恶型 68 人,占 16.92%。

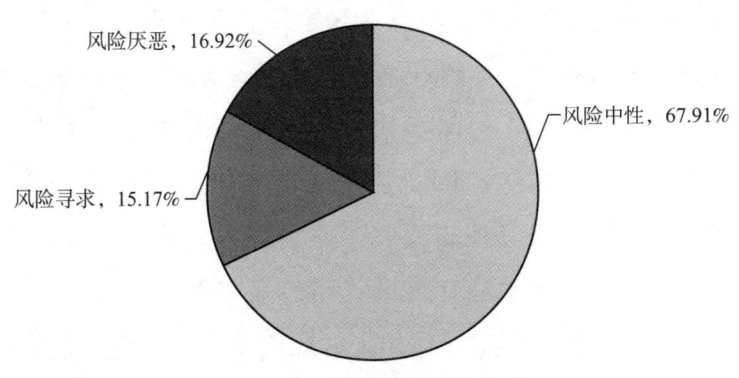

图 5-17　董秘风险态度类型

将年收入的10%投资于一家新企业　　　　　　　将年收入的10%投资于一只稳健增长的共同基金

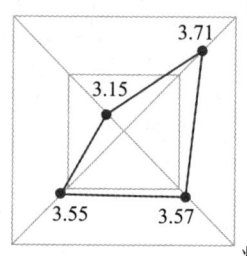

3.71
3.15
3.55　3.57

将年收入的5%投资于一只可靠且保守的股票　　　将年收入的5%投资于一只投机性很强的股票

图5-18　董秘风险态度量表

合规与发展是上市公司永恒的主题，作为上市公司董秘，合规性是首要要求，受访董秘中2/3以上为"风险中性"，且风险寻求与风险厌恶型占比相当，这可能与董秘身处商业社会大潮以及身在企业必须在合规与发展的动态平衡中找到自身定位有关。并且，本量表主要测试董秘的投资风险倾向，而通过投资并购让上市公司做大做强或者寻得"第二增长曲线"是多数董秘的本职工作，正如问卷第36题调查结果，63.68%的董秘认为"投资并购和资本运作"是最重要的工作之一。尽管合规性是对董秘最基本的要求，但毕竟做好经营、提高业绩才是上市公司的"王道"，董秘作为上市公司高管，必须对风险有一定包容度，如果为了规避风险就完全厌恶风险，可能会错失企业和个人的更多发展机会。但董秘如果过度"风险寻求"，则可能会过于激进，信息披露时更容易"蹭热点"或以其他方式触碰监管红线，导致被监管处分，从近年公布的这类主动迎合市场"蹭热点"案件查明的情况看，董秘个人在其中多起到主导作用，如此前相关公司董秘故意在互动平台回复时使用迎合市场热点的"光刻机""抖音超市运营"

等误导性陈述，导致公司股价在盘中交易时即出现"天地板"的巨大波动，并且这种激进的信息披露在被澄清后，股价也会大起大落，给公司带来负面影响。可见，多数董秘"风险中性"或许正是在企业合规与动态发展中找到的属于自己的平衡点。2024年4月"新国九条"再次强调"加强监管，防范风险"，故风险偏好程度中性或偏低的董秘可能会更适应当前严监管的资本市场大环境。

5. 人格特质

对400余家A股上市公司董秘进行人格特质测试（见图5-19），获得董秘们的"大五"人格类型是本问卷的较大亮点。该量表平均得分3.12分，"喜欢秩序"题项平均分数最高，为4.06分。"大五"人格模型常被作为招聘人才的测评方法，一些企业将其作为岗位胜任力模型或直接用来测试应聘者是否符合岗位要求。受访董秘中，责任感型占比最高，共232人（57.71%）；开放性次之，共95人（23.63%）；宜人性，61人（15.17%）；外向性和神经质的人数最少，均为7人（1.74%）。责任感占比最高，表明多数董秘具有"意志坚强，可靠；有条理、谨慎，有逻辑性；追求成功与卓越；专注于自己的任务"等特征，与前述集体主义价值观、系统型认知风格董秘占比较高可相互印证，也与法律法规对董秘"勤勉、尽责"的要求相符。而外向性、神经质两种类型的董秘极少，可能是这两种类型的"寻求刺激、喜欢冒险""紧张、忧郁、情绪化"等性格特征确实不适合也不容易成为董秘。

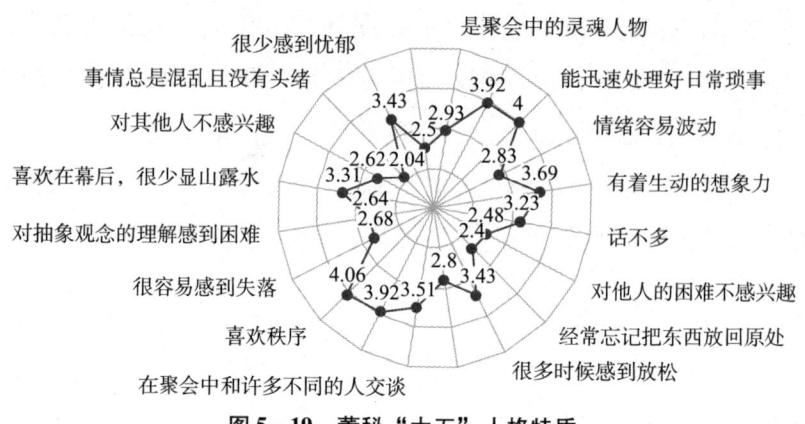

图 5-19 董秘"大五"人格特质

6. 主动性人格

拥有主动性人格的董秘 166 人，占 41.29%；其他 236 人，占 58.71%。图 5-20 显示主动性人格董秘比例更小，与现实中董秘总是冲锋在前的形象略有不符。一种可能的原因是董秘及其所领导的证券事务部门，职责定位多为业务辅助或信息呈现，其工作开展系基于业务部门提供数据，天然具有被动倾向，这与传统观念上财务部门的定位有类似之处，不过随着未来信息披露多重价值的实现，信息披露也有可能实现从"合规成本中心"向"价值创造中心"转型。此外，现实中不同"段位"董秘工作内容其实大有不同，和君咨询王明夫先生在其创设的"董秘学"课程上，将董秘划分为"初阶—中阶—高阶"三个层级，除初阶董秘从事披露等基础合规工作外，中阶董秘就有"并购重组、市值管理"等职责，高阶董秘更是成为"公司战略导航"。随着时间的推移、经验的累积以及在公司地位的提高，年轻董秘逐渐进阶为资深董秘，相信董秘在主动引导、深度参与公司战略方面或将更加有所作为。

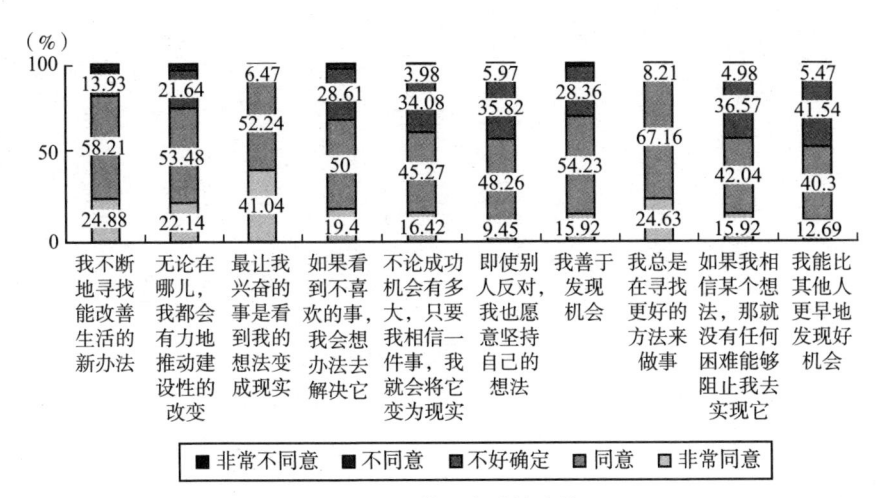

第 5 章　问卷和访谈设计、样本特征及结果分析

图 5-20　董秘主动性人格

5.4.3　与董秘个人特征相关的其他变量

1. 沟通能力

问卷中共有两题用于测量与沟通相关的问题。第 23 题使用杨湘怡（2007）量表进行自评（见图 5-21）。沟通能力自评平均得 4.08 分，得 4 分的最多，共 252 人，占 62.69%；5 分次之，有 110 人，占 27.36%。4 分以上的，占 90.05%，大多数董秘自我评价沟通能力较强，在沟通方面整体表现优秀，并且在"互动"维度上得分最高，为 4.12 分，这是因为互动沟通是董秘承担投资者关系管理职责最重要的能力；这也与第 37 题中"董秘岗位主要需要哪些能力"中沟通协调能力以 98.76% 高居首位，以及第 38 题中"董秘哪些个人方面的因素会对信息披露质量产生影响"中沟通表达能力选项达 69.4% 的占比相互印证，证明沟通能力确实是董秘必备的最重要能力之一。

与听者进行互动，表达重点并简洁明了　　　　　简洁明了，迅速地完成文件撰写，并且很容易使他人理解

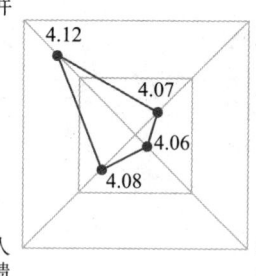

4.12
4.07
4.06
4.08

写的方案经常可以得到他人认同，并且受到积极的反馈　　　　　在交谈前做充分的准备工作，能够直接解释专业技术问题

图 5-21　董秘沟通能力

问卷第 26 题调查了董秘上年度接待调研的次数（见图 5-22）。与董秘们普遍认可自身有较强沟通能力有所不同，实际工作中，董秘与投资者沟通的次数呈两极分化趋势：一方面，上年度交流 50 次以上的董秘，相当于平均每周至少交流一次，占 26.87%，属高频交流群体；另一方面，上年度交流在 10 次以下的低频交流群体却紧挨其后位列第二，占 24.31%。这一调查结论值得思考，颇具现实意义。现实中，董秘与投资者交流次数的多寡与公司市值和关注度相关，据《上市公司投资者关系工作年度报告（2022）》[①]，"上市公司与投资者的沟通，一定程度上呈两极分化趋势。机构调研的家数与机构调研的次数，与上市公司市值呈现正相关关系。市值越高的公司，越受机构关注"。即多数中小市值公司董秘面临的处境是"非不为也，实不能也"，注册制下许多上市公司不为市场所关注，缺乏流动性，投资者也不愿意花费时间精力与上市公司多加交流，导致董秘无机构可交流。这也从侧面印证了注册制下"好酒也怕巷子深"，董秘需主动出击，发挥其沟通交流能力，做好信息披露和

[①] 该报告由上海证券交易所、深圳证券交易所、北京证券交易所、中国证券业协会、中国上市公司协会、中国证券投资基金业协会联合指导，由中证中小投资者服务中心、资本市场学院以及全景网联合编写。

投资者关系管理工作。

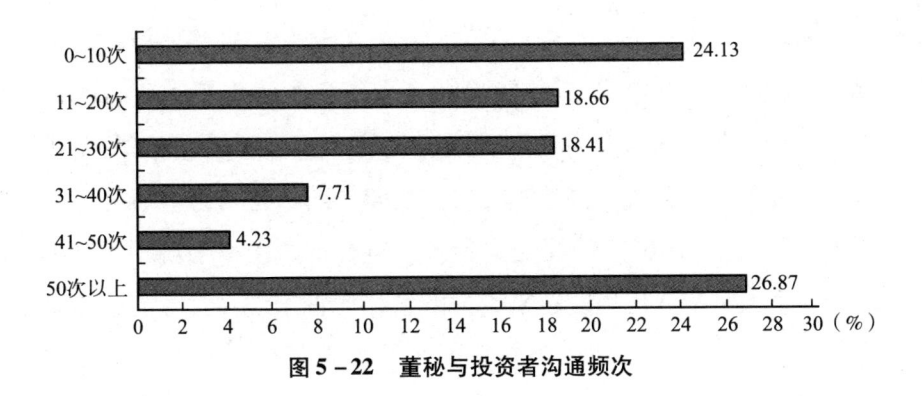

```
0~10次      24.13
11~20次     18.66
21~30次     18.41
31~40次     7.71
41~50次     4.23
50次以上    26.87
```

图 5-22　董秘与投资者沟通频次

2. 身份认同感

问卷第 24 题是关于董秘的"身份认同感"（见图 5-23），平均得 4.06 分，78.11% 的董秘"认同"或"非常认同"自己的董秘身份，表示"很喜欢董秘这个身份"的平均得分最高，为 4.12 分，董秘职群中平时也素有"天下董秘一家亲"的说法。本书在问卷调查与回收过程中得到全国诸多董秘的支持，或与董秘职群共同的"身份认同感"带来的"身份标签"不无关系。

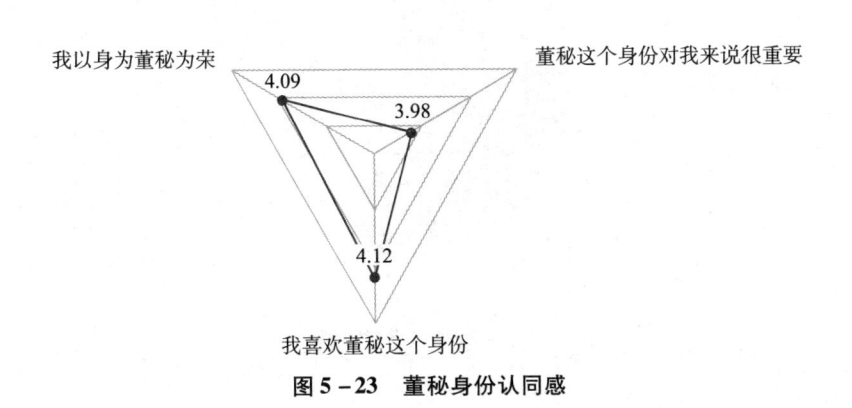

我以身为董秘为荣　4.09
董秘这个身份对我来说很重要　3.98
我喜欢董秘这个身份　4.12

图 5-23　董秘身份认同感

3. 个人声誉

问卷中与董秘个人声誉相关的问题共2题。第34题直接询问董秘"相比于薪酬，个人声誉影响在日常信息披露决策中所占的比重"以调查董秘对自身声誉的看法（见图5-24）。48.51%的受访董秘认为声誉与薪酬"同等重要"，44.53%的董秘认为"声誉比薪酬更重要"，只有6.97%的受访者认为声誉重要性小于薪酬，对于流动性很大且职业化程度越来越高的董秘职群来说，对声誉的珍视实属情理之中；第35题"是否获得过优秀董秘、金牌董秘等荣誉"，224人表示曾获得行业自律组织或第三方机构评选的"优秀董秘""金牌董秘"或其他荣誉，占55.72%（见图5-25）。获奖比例较高，一方面是董秘们珍视作为个人声誉象征之一的荣誉，愿意参加各类评选；另一方面也是因为董秘职群"自带流量"，对资本市场有重要影响力故各类评选活动众多，包括上市公司协会、各大财经媒体、第三方咨询机构等每年纷纷举办各种评选活动。

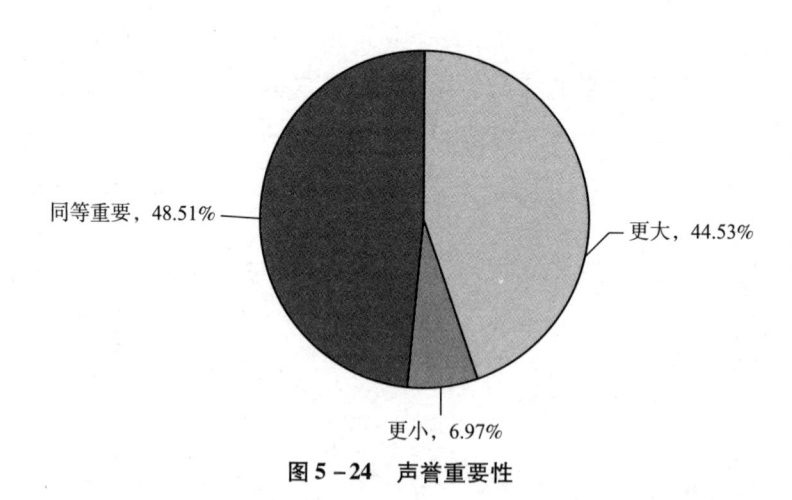

图5-24 声誉重要性

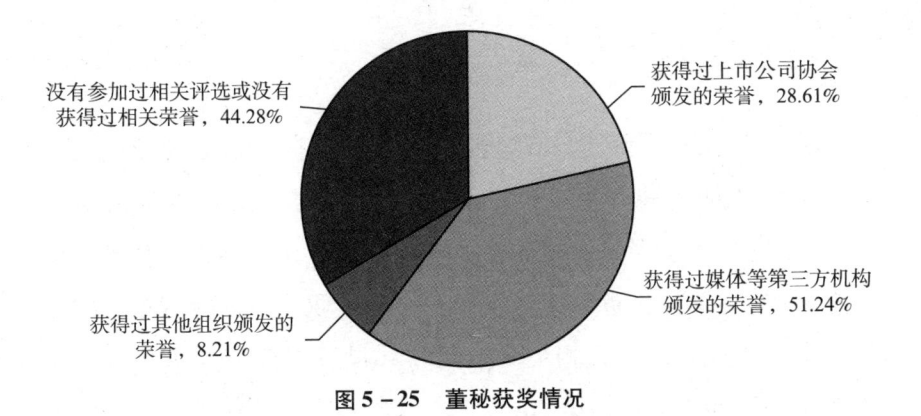

第 5 章　问卷和访谈设计、样本特征及结果分析

没有参加过相关评选或没有获得过相关荣誉，44.28%

获得过上市公司协会颁发的荣誉，28.61%

获得过媒体等第三方机构颁发的荣誉，51.24%

获得过其他组织颁发的荣誉，8.21%

图 5-25　董秘获奖情况

4. 工作满意度

问卷第 21 题考察董秘的工作满意度（见图 5-26），近八成董秘对工作感到"满意"或"非常满意"，大多数董秘对工作有热情（4.33 分）、能在工作中找到真正的乐趣（4.0 分）、相当满意（3.9 分），这份满意很可能是因为拥有"上市公司高管"的社会地位以及较高的薪酬水平，多数董秘已处于马斯洛需求层次理论中的"尊重"或"自我实现"层次。这与前述董秘们对职业有很强的身份认同感也是一脉相承的。

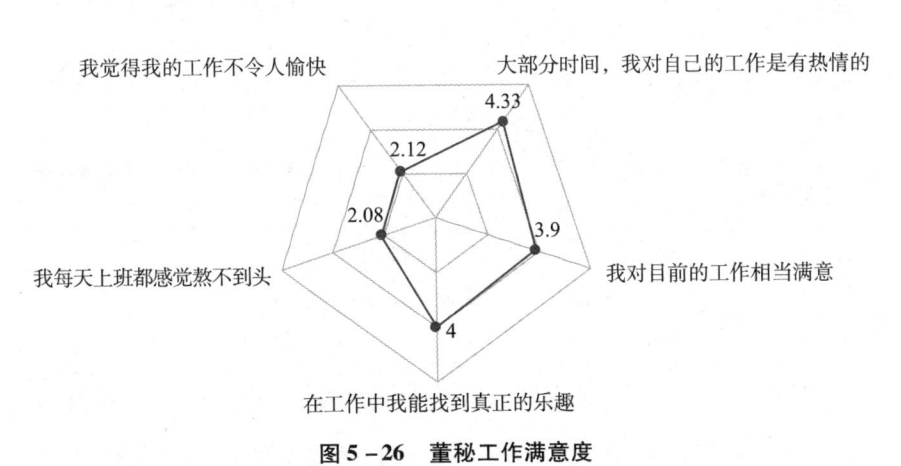

我觉得我的工作不令人愉快　2.12
大部分时间，我对自己的工作是有热情的　4.33
我每天上班都感觉熬不到头　2.08
我对目前的工作相当满意　3.9
在工作中我能找到真正的乐趣　4

图 5-26　董秘工作满意度

105

5. 工作自主权

沪深交易所《股票上市规则》以及相关法律法规要求上市公司为董秘履职提供便利条件，公司及董监高、财务负责人应当"支持、配合董事会秘书在信息披露方面的工作，不得干预董秘的正常工作"。可见，董秘能否正常、充分履职，与其拥有多大的工作自主权、独立性息息相关。本问卷共设置了3道与董秘工作自主权相关的问题，包括第20题"心理授权"（见图5-27）中的4~6题项，超过88%的董秘认为自己有很大的自主权，其中第4项"我自己可以决定如何着手来做我的工作"、第5项"在如何完成工作上，我有很大的独立性"以及第6项"在决定如何完成我的工作上，我有很大的自主权"平均得分分别为4.2分、4.21分和4.18分。

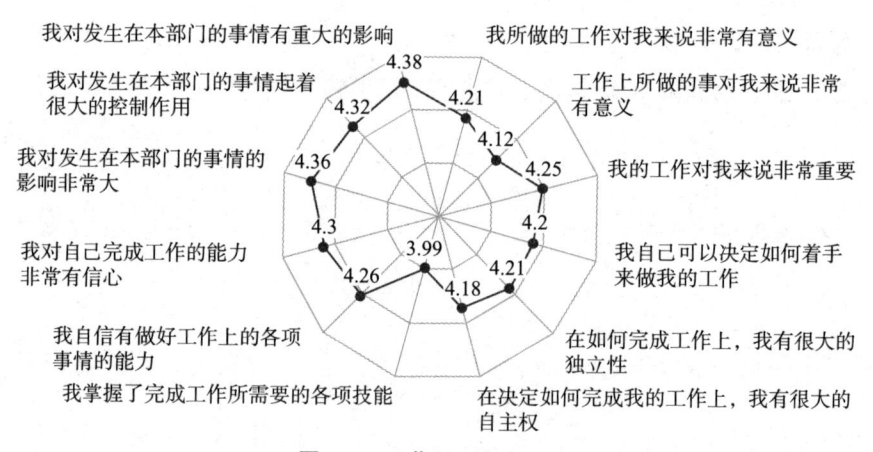

图 5-27 董秘工作自主权

第27题，直接询问董秘"在信息披露事务决策及执行方面具有多大的独立性"，结果显示近90%的董秘表示他们在信息披露决策上的独立性非常大甚至完全独立（见图 5-28）。

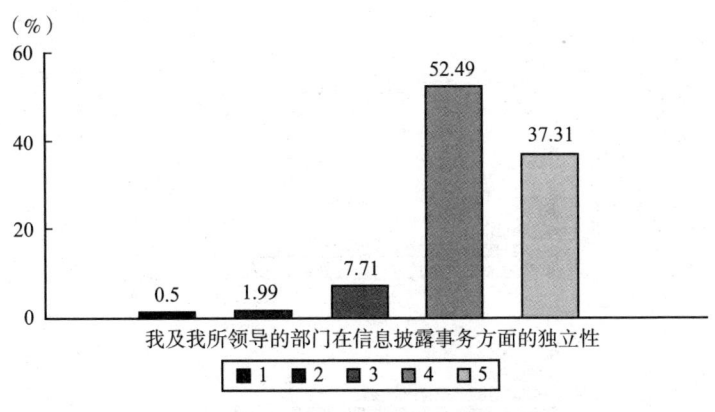

图 5-28　董秘信息披露决策独立性

第 28 题，进一步询问董秘在不同信息披露场景下的决策主导权，该题总体得分 4.28 分（见图 5-29）。93% 的董秘表示他们在日常临时公告上有非常大的主导权（4.51 分），近 90% 的董秘在定期报告有非常大的主导权（4.38 分），但是在 ESG 信息披露决策方面，自主性略逊于前两者，71% 的董秘认为自主性非常大或拥有完全的自主性（3.95 分），也显示董秘在把握 ESG 信息披露独立性方面还有一定提升空间。在关于自主权是否"完全独立"这一选项上，三者差异明显：董秘们在临时公告上的"完全独立自主权"高于定期报告，并且这两者的完全独立自主权远高于 ESG 信息披露。这一结果符合董秘工作实际，较之作为日常常规工作的临时公告，定期报告需要涉及更多其他部门如财务、业务、独立董事、外部审计等的配合以及需要经过复杂的审议流程，而现阶段披露 ESG 报告更是涉及公司董事、监事、高管特别是董事长等"关键少数"的认知和支持程度，以及公司现有流程体系的支撑，各业务部门、独立子公司的配合等。

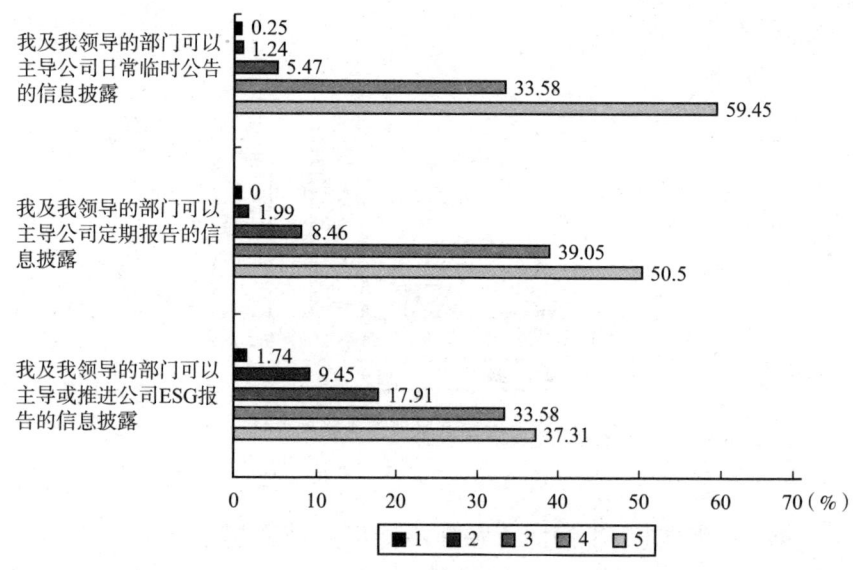

图 5-29　不同披露场景下董秘信息披露决策独立性

我及我领导的部门可以主导公司日常临时公告的信息披露：
- 1: 0.25
- 2: 1.24
- 3: 5.47
- 4: 33.58
- 5: 59.45

我及我领导的部门可以主导公司定期报告的信息披露：
- 1: 0
- 2: 1.99
- 3: 8.46
- 4: 39.05
- 5: 50.5

我及我领导的部门可以主导或推进公司ESG报告的信息披露：
- 1: 1.74
- 2: 9.45
- 3: 17.91
- 4: 33.58
- 5: 37.31

关于董秘们如何认识和定位自身的工作，《2021年董秘价值报告》的调查结论与本研究亦能相互印证：67.77%的董秘认为自己得到"充分认可并重视"，这一数据在2022年达到72.94%，到2023年更是提升了近10个百分点，达到了83.15%。

6. 心理授权之工作意义、自我效能及工作影响

第20题是关于心理授权调查问题（见图5-27），除前述4~6项为工作自主性之外，其余题项为工作意义（1~3项）、自我效能（7~9项）和工作影响（10~12项），调查结果见图5-30。总体上，董秘职群比较认可自身的工作意义、工作能力以及对所在组织的影响力（见表5-16）。

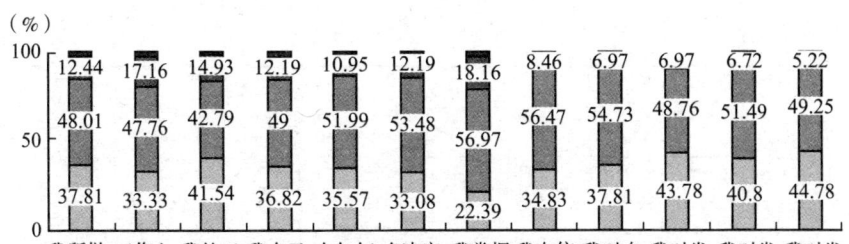

第5章 问卷和访谈设计、样本特征及结果分析

图 5-30 董秘"心理授权"

表 5-16 与董秘个人特征相关的其他变量

沟通能力	1 分	占比(%)	0	身份认同感	1 分	占比(%)	0.5
	2 分		0.5		2 分		1.24
	3 分		9.45		3 分		20.15
	4 分		62.69		4 分		46.27
	5 分		27.36		5 分		31.84
上年度沟通次数	0~10 次	占比(%)	24.31	心理授权-工作意义	1 分	占比(%)	0
	11~20 次		18.66		2 分		1
	21~30 次		18.41		3 分		13.91
	31~40 次		7.71		4 分		50.25
	41~50 次		4.23		5 分		34.82
	50 次以上		26.87				
声誉重要性（相较于薪酬）	更小	占比(%)	6.97	心理授权-自我效能	1 分	占比(%)	0
	同等重要		48.51		2 分		0.25
	更大		44.53		3 分		8.46
声誉（是否获奖）	获得过相关奖项	占比(%)	55.72		4 分		60.45
	没有获过相关奖项		44.28		5 分		30.85

109

续表

心理授权-工作自主权	1分	占比(%)	0.5	心理授权-工作影响	1分	占比(%)	0
	2分		0.75		2分		0.5
	3分		1.45		3分		5.97
	4分		55.22		4分		49.75
	5分		33.08		5分		43.78
工作满意度	1分	占比(%)	0	信披决策独立性-定期报告	1分	占比(%)	0
	2分		0.25		2分		1.99
	3分		20.4		3分		8.46
	4分		58.21		4分		39.05
	5分		21.14		5分		50.5
信披决策独立性-临时公告	1分	占比(%)	0.25	信披决策独立性-ESG报告	1分	占比(%)	0.66
	2分		1.24		2分		4.23
	3分		5.47		3分		10.61
	4分		33.58		4分		35.41
	5分		59.45		5分		49.09
信披决策独立性	1分	占比(%)	0.5				
	2分		1.99				
	3分		7.71				
	4分		52.49				
	5分		37.31				

5.4.4 董秘对自身工作的理解

除了根据相关理论和董秘工作实践经验设计问卷、提出假设并进行实证研究之外，本问卷调查的一个重要目的在于试图获得上市公司信息披露及其影响因素、决策机制等的一手资料。回收的问卷基本达到这一目标。以下对董秘从事 ESG 信息披露以及其他日常履职情况的调查结果作描述性统计及简要分析。

1. 关于 ESG 信息披露

提高上市公司质量是近年来中国政府从战略和全局高度对资本市场建设作出的重大决策部署,而可持续发展是高质量发展的应有之意,因此 ESG 信息披露在中国也越来越受到关注。本部分共设置 5 道题目(问卷第 29~33 题)用于调查上市公司 ESG 信息披露情况,包括是否单独披露 ESG 报告、公司自愿披露 ESG 报告的主要推动者、董秘是否愿意推动公司披露 ESG 报告及披露动机、利益相关方的重要性排序等业界和学界普遍关心的问题。

问卷第 29 题是关于所在上市公司是否单独披露 ESG 报告(见图 5-31)。统计结果显示,总共 402 家公司中,单独披露 ESG 报告的为 157 家,占 39.05%,比 A 股 2022 年度全市场 34.45% 的 ESG 类报告披露率高出近 5 个百分点;问卷第 30 题则进一步询问暂未单独披露 ESG 报告的 245 家上市公司董秘,后续是否会推动公司单独披露 ESG 报告(见图 5-32),155 名董秘(63.27%)表示愿意说服或推动公司单独披露 ESG 报告。这是一股不容小觑的推动力,相信 A 股上市公司在内外部因素影响下,以及对社会责任、ESG 及可持续发展的认知不断加深,未来更多的上市公司主动披露 ESG 信息或是大势所趋[①]。

---

① 据信公股份《2022 年度 A 股上市 ESG 报告深度研究》,截至 2023 年 4 月 30 日,A 股共有 5 039 家上市公司,其中 1 736 家(34.45%)A 股公司披露了 2022 年 ESG 类报告,较上一年增长超过 30%。而截至 2024 年 4 月 30 日,A 股已有 2 113 家(41%)公司披露了 2023 年 ESG 类报告,披露家数再次大幅提升。

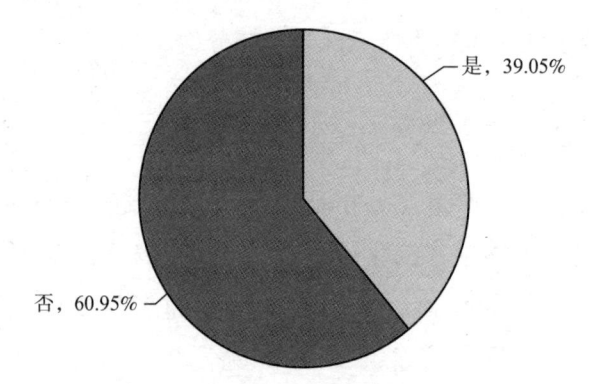

图 5-31　是否单独披露 ESG 报告

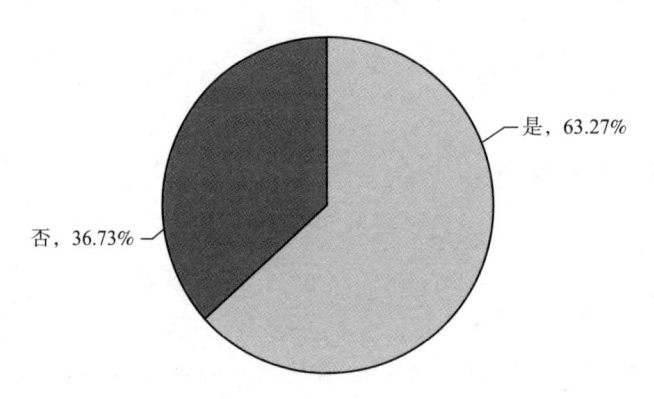

图 5-32　是否愿意推动公司单独披露 ESG 报告

那么,实务中到底是谁推动了上市公司 ESG 信息的披露工作呢?问卷第 31 题回答了这个业界学界关心的问题。关于"在贵公司内部,此前决定披露 ESG 报告,或后期拟披露 ESG 报告,主要推动者是",受访董秘可以在 7 个选项中作出 1~3 项选择。图 5-33 显示,已单独披露或后期愿意单独披露 ESG 报告的 312 家上市公司中,公司内部 ESG 信息披露的主要推动者排名前 3 位的分别是董秘、董办、证券部门(90.06%)、董事长、实控人或总经理(46.15%)、可持续发展部门(10.26%)。本题一个有意思的调查结果是"其他部门"的填写可谓五花八门，既有像办公室、人事行政、综合部这类公司行政部门，也有企业文化、品牌宣传、公共事务、运营部门，还有安全环保部门在推动，足见目前不同公司对 ESG 的理解和定位之大相径庭。

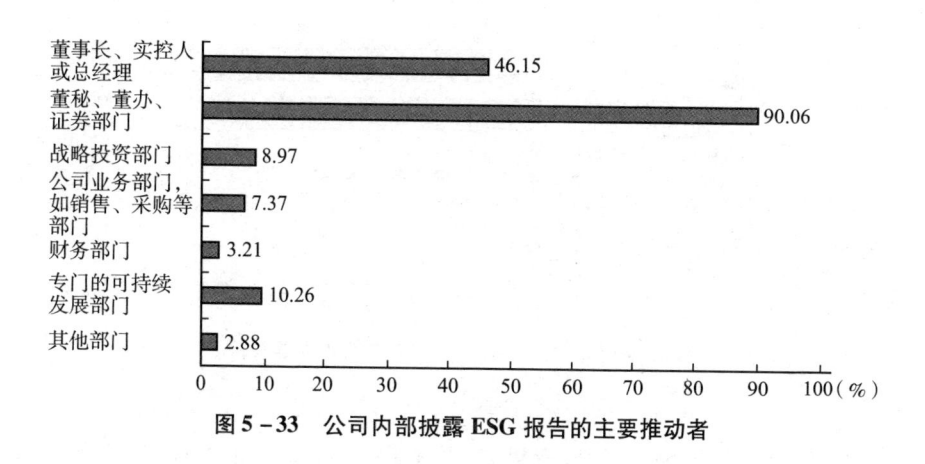

类别	比例(%)
董事长、实控人或总经理	46.15
董秘、董办、证券部门	90.06
战略投资部门	8.97
公司业务部门，如销售、采购等部门	7.37
财务部门	3.21
专门的可持续发展部门	10.26
其他部门	2.88

图 5-33 公司内部披露 ESG 报告的主要推动者

值得进一步展开分析的是，董秘及其所领导的证券部门是 ESG 信息披露最重要的"内部推手"，遥遥领先于包括董事长、实控人或总经理在内的其他部门，这与第 32 题 ESG 披露动机（见图 5-34）中的"监管部门引导或要求"占比高达 71.47% 可相互印证。根据《股票上市规则》，董秘是上市公司与监管部门的"指定联络人"，监管部门对上市公司的"窗口指导"或监管精神系通过董秘传达给上市公司并由董秘具体落实或回应。董秘也深谙监管动态和监管要求，即尽管沪深交易所尚未强制要求大多数上市公司披露 ESG 报告，但其监管导向是鼓励有条件的上市公司进行披露，并将其作为年度信息披露考核的加分项。另外，董事长、实控人、总经理也是公司 ESG 的重要推动者，反映出相当一部分上市公司实控人倾向从长远看问题，越来越重视利益相关方诉求和追求利润之上的价值，这从第 32 题关于 ESG 披露动机的调查结果中也可见一斑。可见，政府、监管部门或有关组织若有意进一步推动上市公司自愿披露 ESG 信息，可以依托上市公司实控人或董事长、董事会秘书这两类"关键少数"来协助推动。

选项	百分比
监管部门引导或要求	71.47
提升公司品牌和声誉形象	87.18
公司高质量发展的内在要求	62.82
增加投资者信心	65.71
供应商或客户的要求	16.03
公司理应承担社会责任	52.24
满足海外投资者或ESG投资者需求	35.58
来自同行业其他公司的压力	3.53
政府、社区或其他利益相关方的压力	3.85
其他。具体是：	0.32

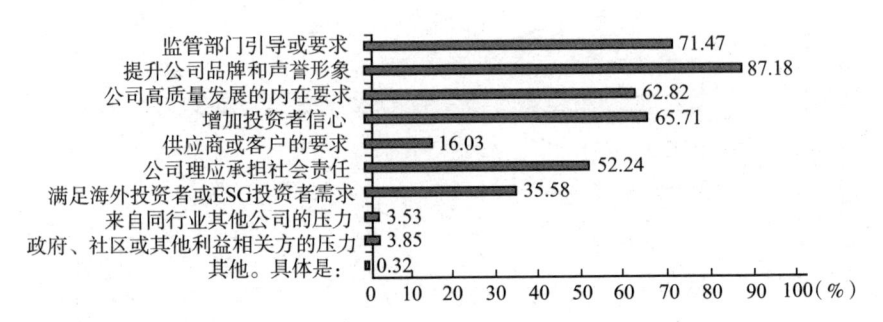

图 5-34　上市公司披露 ESG 信息的主要动机

那么，董秘为什么愿意推动披露 ESG 报告，或者说公司披露 ESG 信息的主要动机是什么呢？第 32 题也是一道多选题，受访者最多可以选择 5 项（见图 5-34）。除了如前所述的监管部门引导占 71.47% 外，列首位的动机是提升公司品牌和声誉形象（87.18%），以及增加投资者信心（65.71%）、公司高质量发展的内在要求（62.82%）、公司理应承担社会责任（52.24%）等。但"满足海外投资者或 ESG 投资者需求"占比仅 35.58%、"供应商或客户的要求"占比 16.03% 也不高。将 ESG 主要定位为"提升公司品牌和声誉形象"与 ESG 本身的内涵与目标也大不相同，但这可能是目前中国资本市场供需双方对 ESG 较为普遍的认知——2023 年 6 月发布的《上市公司投资者关系年度报告（2022）》中就有对分析师就上市公司披露 ESG 信息相关问题的调研，76.22% 的分析师认为"上市公司 ESG 品牌形象对公司估值有影响"，然而在"分析师团队最希望上市公司自愿信披所涉及的内容"却只有2.61%的分析师希望"看到上市公司在自愿信披中披露ESG相关信息",这种"双标"也反映了目前中国资本市场ESG信息披露的现实——资本市场参与方可能更多地关注了其形式意义,而尚未真正深入ESG的内涵和实质。这也表明,中国A股ESG管理与实践的整体水平还有很大提升空间。

最后,由于可持续发展从关注"股东利益"向关注"利益相关方利益"转变,因此ESG信息披露与利益相关方诉求息息相关。那么,在中国的上市公司经营活动中,董秘对不同利益相关人的重要性程度是如何理解的呢?问卷第33题回答了这个略显敏感的问题(见图5-35)。在总共402份问卷中,有165份(41.04%)将董事长、实控人利益排在第一位①,其综合得分为4.87分,其次是客户利益和投资者利益,分别为4.72分和4.65分,供应商利益排名最低仅2.17分,处于明显劣势地位,也许是中国各行各业特别是制造业高度"内卷"的真实写照。而董事长、实控人利益甚至高于客户和投资者利益,这看似有些"不近人情"的结果,其实反映的正是中国资本市场上市公司"一股独大"的股权结构,在这种股权格局下,绝大多数公司特别是民营上市公司的董事、高管聘任权几乎都来自于大股东,公司的重要事项也多由大股东说了算,诸多董秘也需要"听命于"董事长或实控人。然而,正如"一股独大"并不必然是公司治理的缺陷,董秘把实控人利益排在第一位,对公司治理或者中小股东也未必就是负面影响。相反,许多民营上市公司的发展壮大,能在激烈的市场竞争中杀出重围走向资本市场,原本就是

---

① 注:选项平均综合得分 = ($\sum$ 频数×权值)/本题填写人次。权值由选项被排列的位置决定。

依托民营企业家独到的企业家精神和个人魅力，毕竟，"投资者买公司股票就是'买'董事长"①。而作为公司"首席合规官"的董秘通常深受实控人信任，董秘反过来会影响、引导实控人更加重视合规、重视市场利益相关方的利益——正如本书深度访谈的董秘 B 所传递的经验之谈，董秘要"向上管理"引导和影响实控人，形成对他们的"正向激励"。从这个意义上说，董秘重视实控人利益、实控人信任董秘，才能形成良性的"双向奔赴"关系，这将有助于董秘更好发挥治理作用，提升上市公司整体治理质量，以及更好维护中小股东等利益相关方利益。这也是董秘这一特殊治理角色之于中国资本市场、上市公司的价值和意义所在。

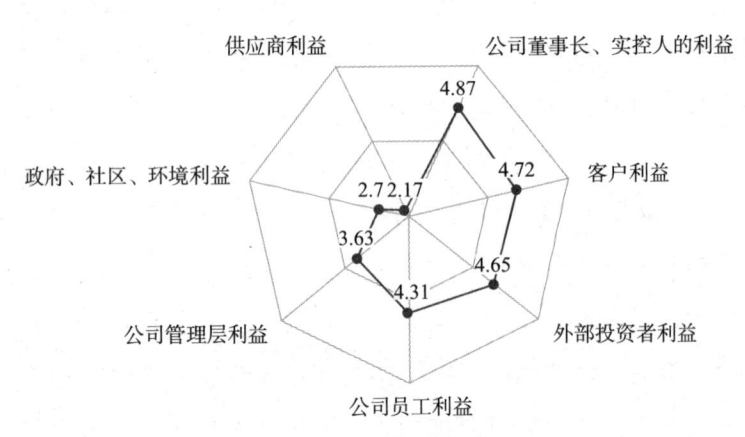

图 5-35 利益相关人重要性排序

2. 关于董秘工作职责

如前所述，法律法规对董秘职责的界定主要是信息披露、投资

---

① 2022 年 3 月，中国上市公司协会会长宋志平参加《中上协会客厅》访谈中提到，投资者在了解上市公司的过程中，必须重视对于董事长的了解。作为总舵手，董事长的思想观念一旦出了问题，就会对上市公司的发展产生巨大的影响。投资者买股票，就是在"买"董事长。

者关系、"三会"管理、媒体关系以及与交易所联络等,而社会各界对董秘的期待则扩大到了投资并购、公司治理、公司战略以及市值管理等层面,因此还衍生出对董秘的民间分类如"基础型董秘、专业型董秘、战略型董秘"。问卷第 36 题旨在调查董秘们自己认为的最重要的工作职责,受访者最多可以选择 6 项(见图 5-36)。结果显示,"信息披露"和"投资者关系"并列第一位,均为 95.02%,可见这两项工作确实是董秘最基础但也是最重要的工作,也凸显本书研究董秘个人特征与信息披露质量影响关系的现实意义;第三位是监管关系维护(71.89%),并且"构建良好的监管关系"在本书对 5 位资深董秘的深度访谈中也被反复提及,再次显示出中国特色资本市场中监管关系的重要性,也可见注册制下,中国资本市场依然受到常态化、全方位的行政介入,符合当下"强监管、零容忍"的现实。

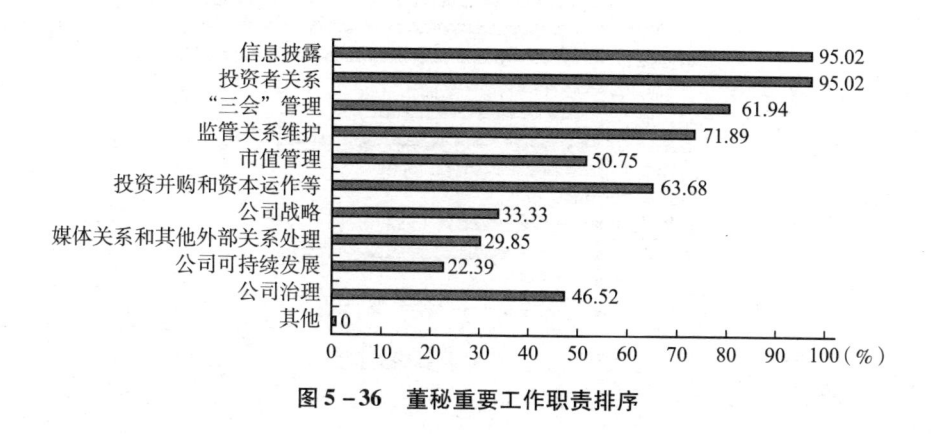

工作职责	百分比 (%)
信息披露	95.02
投资者关系	95.02
"三会"管理	61.94
监管关系维护	71.89
市值管理	50.75
投资并购和资本运作等	63.68
公司战略	33.33
媒体关系和其他外部关系处理	29.85
公司可持续发展	22.39
公司治理	46.52
其他	0

图 5-36 董秘重要工作职责排序

3. 董秘工作能力

董秘被认为是一个需要极强综合能力的岗位,专业上要"抱宝怀珍",能力上要"长袖善舞"。问卷第 37 题,受访董秘可从 10 个选项中最多选出 6 项其所认为的重要能力（见图 5-37）。结果显示，"沟通协调能力"是董秘认为的最重要能力，以高达 98.76% 的占比遥遥领先，而在新财富 2020 年的调查中①，彼时董秘们认为最需具备的能力是法律法规知识（64.26%）、行业及产业链知识（60.12%），交流沟通能力仅排第 6（42.36%），凸显注册制下董秘与投资者多多沟通交流之必不可少；其次是学习能力，占比 83.58%，在这个变化的时代，无论是行业知识还是法律法规都在快速迭代，加之董秘需要面对的是专业投资者，必须具备极强的持续学习能力才能匹配投资者的需求，本书访谈的几位资深董秘也不约而同强调"持续学习能力""建设学习型董办"等的重要性；创新能力排名最低，仅占 8.96%，可见"循规蹈矩"以确保不出错是大部分董秘的心态，或者说至少在现阶段做一名好董秘无须太多创意。

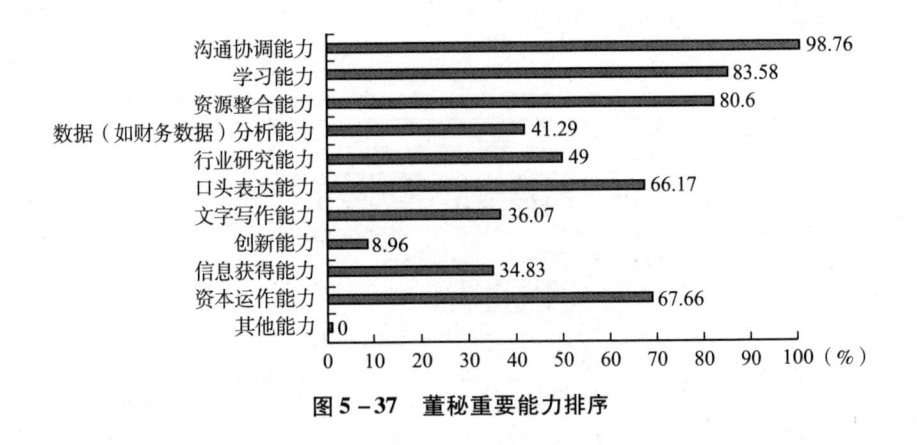

能力	占比（%）
沟通协调能力	98.76
学习能力	83.58
资源整合能力	80.6
数据（如财务数据）分析能力	41.29
行业研究能力	49
口头表达能力	66.17
文字写作能力	36.07
创新能力	8.96
信息获得能力	34.83
资本运作能力	67.66
其他能力	0

图 5-37 董秘重要能力排序

4. 信息披露影响因素及违规后果

问卷的最后部分，请董秘根据自身长期的工作实践，分别从个

---

① 《2021 董秘价值报告》：发布于 2021 年第 4 期《新财富》杂志，第 22~31 页。

人、公司内部、公司外部三个层次就信息披露的影响因素进行回答，相信这些来自一线的答案可以弥补现有档案研究的不足、丰富信息披露影响因素方面的文献。

第38题，关于董秘个人层面影响信息披露质量的因素，共设置13个选项，受访者可从中选出3~6项他们认为合适的选项（见图5-38）。董秘个人的"专业背景或行业知识"排名第一，占比高达91.29%，这体现了注册制下信息披露"有效性"对董秘提出的新要求，董秘需要深刻理解行业、讲好公司故事、简明清晰地披露有效信息，要求董秘有深厚的专业背景和行业知识。但"最重要"的也可能是董秘们所欠缺的，在第23题沟通能力自评中（见图5-21），得分相对较低的维度便是"能够直接解释专业技术问题"，为4.06分。

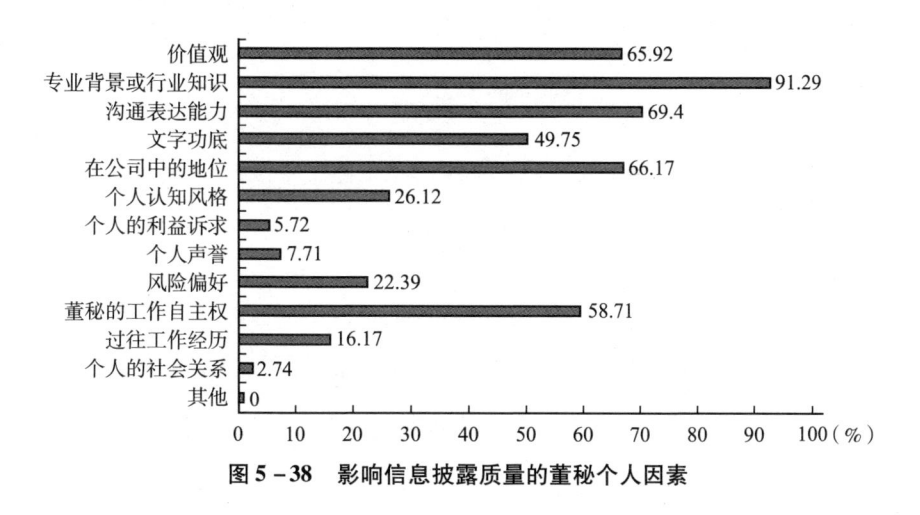

因素	占比(%)
价值观	65.92
专业背景或行业知识	91.29
沟通表达能力	69.4
文字功底	49.75
在公司中的地位	66.17
个人认知风格	26.12
个人的利益诉求	5.72
个人声誉	7.71
风险偏好	22.39
董秘的工作自主权	58.71
过往工作经历	16.17
个人的社会关系	2.74
其他	0

图5-38 影响信息披露质量的董秘个人因素

第39题，关于公司内部影响信息披露质量的因素，需按重要性程度排序（见图5-39）。68.53%的董秘将"董事长或实控人的支持程度"排在首位（7.12分），与前述利益相关方排序一脉相承，再次反映了A股"一股独大"的股权格局，也说明这种股权结构下董事长、实控人等"关键少数"对信息披露的理念和态度之于公司信息披露质量、董秘开展信息披露工作的重要性；内部信息获取的及时和便利程度排第二（6.16分），访谈中B、C、D董秘都强调了内部信息获取度的重要性；而财务部门的配合程度排第三（4.99分），毕竟财务信息是信息披露最重要的组成部分，而信息披露的直接责任人却是董秘，因此现实中上市公司财务部门与董秘及其所领导的证券部门的"关系"如何，也是公司信息披露质量的重要影响因素，本书访谈的C董秘和D董秘都强调了财务部门的配合之于信息披露质量的重要性。

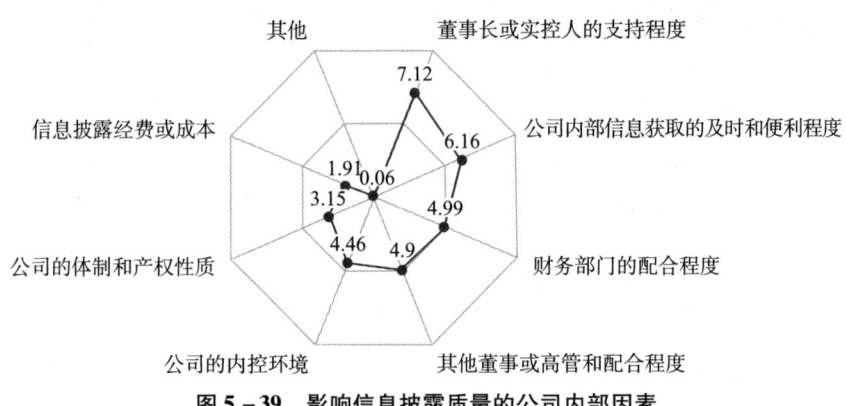

图5-39 影响信息披露质量的公司内部因素

第40题，调研了影响公司信息披露质量的外部因素排序（见图5-40）。在总共7个可选项中，有74.75%的董秘将监管部门排在第一位，以7.3分的平均分遥遥领先于其他因素，A股的"父爱式"监管可见一斑，全面注册制下也并未有所改观；其次是外部机构投资者（5.83分）、中介机构（4.36分）；中小散户投资者对公司信息披露的影响力不大，仅3.8分排名第五，难怪中国的小股民们常常自嘲"韭菜"。但是，这很大程度上也可能与散户热衷于跟风炒作、不太看重公司内在价值以及不怎么关注公司公开渠道的合规信息披露有关。

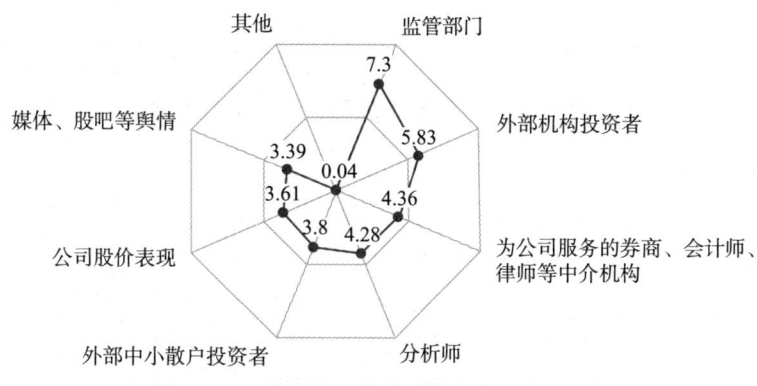

图 5-40 影响信息披露质量的公司外部因素

第 41 题，调研了董秘们对因信息披露违规受到处罚的影响后果的看法（见图 5-41）。92.79% 的董秘认为个人声誉受损是最主要的影响，其次是择业受影响（59.7%）以及内部考评受影响（43.28%），这与第 34 题中董秘对声誉的珍视结果基本一致；但也有 15.17% 的董秘认为"一般违规影响不大，可以接受"，与 19 题结果中正好有 15.17% 的董秘是"风险寻求型"可谓无巧不成书。另外，2021 年《董秘价值报告》关于"董秘工作面临的压力"中，"监管合规要求"（75.41%）位列董秘压力之首，也是因为无论是所在公司抑或董秘本人一旦涉及违规，轻则被监管警示影响职业生涯，重则处以金钱罚金甚至招致牢狱之灾，这都会给董秘带来难以修复的个人负面声誉影响。而如本书导论部分所述，信披违规正是董秘违规的重灾区。也正因如此，头顶"上市公司高管"光环的董秘在履职时也是战战兢兢、如履薄冰。

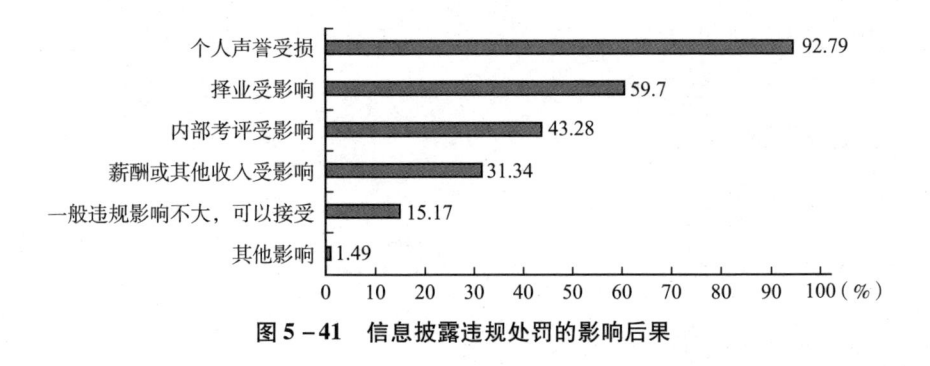

个人声誉受损	92.79
择业受影响	59.7
内部考评受影响	43.28
薪酬或其他收入受影响	31.34
一般违规影响不大,可以接受	15.17
其他影响	1.49

图 5-41 信息披露违规处罚的影响后果

5.5 访谈基本情况

5.5.1 访谈设计及访谈对象

1. 访谈设计

在问卷调查的基础上,本书的研究选取五名优秀董秘做深度访谈,以期通过更多上市公司资深董秘的视角并透过他们的实践与思考,拓宽信息来源、提升研究深度。访谈董秘的选取标准综合考虑了所在公司的产权性质、上市地、行业、市值、交易所信息披露质量评价等级等。访谈结果作为问卷调查的补充,一方面弥补了问卷调查问题固定化、程式化的不足;另一方面也可进一步提炼优秀董秘的共性,总结董秘视角下高质量信息披露的要素,探讨优秀董秘是如何开展信息披露工作的。

《访谈提纲及回复概要》详见附录二。

2. 访谈对象基本情况

五名访谈对象基本情况见表 5-17。

表 5-17　　　　　　　　访谈对象基本情况

董秘	年龄	性别	市值	信披评级①	行业	上市地	所在地区	性质
A 董秘	45 岁	男	250 亿元	AAAAAA	房地产业	深交所	浙江省	民营
B 董秘	42 岁	男	210 亿元	AAAAAA	邮政业	深交所	浙江省	民营
C 董秘	47 岁	女	90 亿元	AAAAAA	批发业	深交所	广东省	民营
D 董秘	39 岁	女	2 400 亿元	AAAAAA	制造业	上交所+港交所	山东省	集体
E 董秘	47 岁	男	120 亿元	AAABAA	制造业	上交所	浙江省	国有

5.5.2　访谈主要结果

1. 对信息披露工作重要性的理解

信息披露是董秘最基础也是最重要的工作，是上市公司和董秘的"生命线"。信息披露具有"市场价值—品牌塑造—行业引领—监管合规"多维价值：第一，市场价值，信息披露是价值发现与投资决策的核心渠道，可以让市场发现公司价值，帮助投资者作出投资决策，具有投资者关系管理和市值管理双重功能；第二，品牌建构和传播价值，通过信息披露可以建立公司品牌形象，塑造行业标

---

① 上交所 2017 年度开始对外公布信息披露评级，此处 6A 是自 2017 年至 2022 年连续 6 个年度信息披露考核均为 A 的公司。据统计，连续六年被沪深交易所评级为 A 的公司共 195 家，占沪深交易所参评公司的 4%；其中民营企业共 65 家，占比仅 1.34%。本研究访谈的前四家公司均连续六年获得殊荣，真正的"百里挑一"。

杆地位；第三，行业引领价值，高质量的信息披露可以输出行业分析认知框架，构建行业话语体系，帮助市场和同行理解行业逻辑；第四，监管合规价值，信息披露是一些企业特别是国企考核体系中的关键绩效指标，具有激励约束作用。

2. 对信息披露质量的理解

受访董秘均表示非常看重信息披露质量，但对披露质量的关注重点有所不同，大体上形成了合规导向型质量观和投资者导向型质量观的"二元认知框架"。前者以交易所考核质量为标杆，强调公司治理合规性，体现监管评级导向的合规文化，这一认知普遍存在于A股董秘中；后者更强调以信息透明度为核心，关注实质披露质量，认为应实现监管合规到投资者价值创造的升级，这在A+H跨境上市公司D董秘的访谈中表现得尤为深刻，其表示"海外投资者重视公司的信息透明度，更在意公司真正的披露质量而不是监管评级，上市公司信息披露应从监管视角向投资者视角转变"。

3. 如何做到信息披露的合规性与有效性并重

受访董秘认为，合规性与有效性并不矛盾。从三方面构建合规性保障体系：一是组织保障，要有专业化董办团队配置，尤其是"财务+法律"复合型人才结构；二是制度保障，如标准化信息披露流程与数字化、信息化支持系统；三是能力保障，最重要的是持续专业学习机制。提升有效性也有三条路径：一是业务穿透，董办应与业务部门高度协同，构建"业务—披露"价值传导链，通过"业务逻辑—经营逻辑—披露逻辑"提升有效性、探索"业务与财务一体化"信息披露模式；二是受众思维，要建立投资者同理心，站在投资者角度思考问题,在投资者语境下写更有可读性、更能体现公司价值的披露文件;三是全球视野,在符合信息披露公平性的前提下,构建差异化信息披露矩阵,侧重满足不同投资者的多元诉求。

4. 对信息披露工作影响最大的个人特质

受访董秘一致认为,董秘的专业知识、沟通能力、学习能力是对信息披露工作影响最大的个人特质:一是专业知识,特别是证券法律法规的精通程度、财务法律复合知识结构以及行业知识;二是沟通能力,尤其是跨部门协同和监管沟通能力;三是心理特质,董秘需要"价值观驱动"的职业伦理以及强大的持续学习能力。这些个人特质在本书自变量"心理特征"的选取、研究假设以及问卷题项设计中均有所反映。

5. 公司信息披露质量评级优异的主要因素

结合如前所述公司层面的披露体系、内部机制、人员配备,董秘层面的个人特质、专业知识、沟通能力、学习能力,企业层面的文化价值观、部门协同、"关键少数"支持程度、对董办的约束与激励机制,以及外部与监管部门的互动交流即监管关系,可知上市公司信息披露质量评级持续优秀的因素主要有三方面:一是治理基础,公司治理规范性与内部控制有效性;二是文化支撑,公司的文化价值观和"关键少数"的支持度;三是激励机制,包括物质和精神激励,将信息披露质量与绩效考核、荣誉评比挂钩。

以上来自信息披露实务一线的访谈结果,特别是数字化与信息化助力提升信息披露质量、信息披露部门应与业务部门"称兄道弟"高度协同、公司绩效考核中信息披露的权重对提升披露质量的重要作用、A+H或多地上市公司以及全球化经营的公司如何满足海外投资者的信息需求、信息披露不但挖掘公司价值更是引领行业发展等观点，既深化了信息披露质量影响因素的学理认知，也为注册制改革背景下上市公司信息披露能力建设提供了系统化的实践框架。

第 6 章

实证研究分析

6.1 研究设计

6.1.1 样本选取与数据来源

本书的董秘特征数据源于问卷调查，在 402 份有效问卷中，剔除 1 份金融行业董秘问卷，用于实证研究的有效问卷共 401 份，即样本董秘均来自我国 A 股上市公司非金融行业。进一步，根据董秘历年任职信息，本书将董秘特征截面数据扩展至包含样本董秘历年任职的所有公司所有年份的面板数据。本书中公司财务数据和公司治理数据均来自 CSMAR 数据；文本数据来自 CNRDS 和 WinGo 财经文本数据库；互动式信息披露数据来自 CNRDS 数据库并采用文本分析方法构建；ESG 信息披露质量数据来自彭博终端数据库。在剔除关键变量缺失的样本后，得到最终样本为 2012～2022 年的 1 669 个公司。

6.1.2 模型设计与变量定义

为考察董秘个人心理特征对所在上市公司信息披露质量的影响，本书构建如下基准回归模型（式6-1）进行实证检验：

$$Disclosure = \alpha_0 + \alpha_1 PCBS + \sum Controls_{i,t} + Industry + \varepsilon_{i,t} \qquad (6-1)$$

其中，因变量 Disclosure 为信息披露质量，以定期报告 MDA 文本可读性 Readability、投资者互动平台回复率 Reply 和彭博 ESG 信息披露质量 ESG – disclosure 三个代理变量进行衡量。自变量 PCBS 为董秘个人心理特征，以价值观 Value_colle、社会公理 Value_norm、认知风格 Cogin、风险态度 Risk averse、人格特质（宜人性 Persn_agree、责任感 Persn_respo、开放性 Persn_open）和主动性人格 Urpi 进行衡量。控制变量包括公司特征和董秘人口统计学特征变量。此外，模型中还控制了行业固定效应。以下是各变量的定义和衡量方法。

1. 被解释变量

在中国公司治理角色中，董秘需对公司信息披露工作及后果负责[1]。本书沿"强制性—半强制性—自愿性"信息披露路径，选取上市公司年报"管理层讨论与分析"（MDA）文本可读性、投资者互动平台回复率以及 ESG 信息披露这三个与董秘实际工作内容密切相关的变量来衡量信息披露质量。原因如下：第一，上市公司定期

---

[1] 证监会《上市公司信息披露管理办法》第三十二条规定："经理、财务负责人、董事会秘书等高级管理人员应当及时编制定期报告草案，提请董事会审议；董事会秘书负责送达董事审阅；董事会秘书负责组织定期报告的披露工作。"

报告是监管部门强制要求披露并重点监管的,其中 MDA 更是重中之重,是公司集中向投资者展现经营成果、未来战略和机遇挑战的重要渠道,充分体现公司文化和管理层风格,董秘及其所领导的董办每年需花大量时间和精力撰写,故本书将其作为强制性信息披露质量的代理变量;第二,关于投资者互动平台,一方面,交易所要求董秘负责投资者互动平台的回复审核[①];另一方面,现实中董秘们在互动平台上亦庄亦谐或风趣或调侃甚至偶尔与投资者"互怼",互动平台已经成为中国资本市场的"八卦"集中地,既为媒体奉献了津津乐道的报道素材,更是董秘个人特征和才华在信息披露领域最直观的体现和展示;第三,作为自愿性信息披露的重要内容,环境、社会、治理(即 ESG)可持续发展相关的信息已成为当下信息披露的重要组成部分,无论是披露实践还是本书问卷调查,结果均表明,上市公司的 ESG 信息披露主要由董秘负责和推动。

(1)年报"管理层讨论与分析"(MDA)的文本可读性。

文本可读性会影响信息生产者和接收者的有效沟通程度,也能体现与文本内容无关的写作风格(张敏等,2024)。已有研究探索了多种可读性衡量指标,尤其是在中文情境下的年报可读性衡量(Li,2008;孙文章,2019;徐巍等,2021)。本章参考申东赫等(Shin et al.,2020)、张英明和徐晨(2022)、郑晓瑜和刘俊晗(2022)、蔡荣江(2024)等,采用 WinGo 财经文本数据库中的文本可读性指标。WinGo 可读性指标采用深度学习算法构建而成,假设文本中句子相互独立,并考虑句中词汇的前后搭配顺序,将文本中各个句子生成概率乘积的对数似然的均值,作为文本的可

---

① 深交所规定:"公司董事会秘书应当按照内部制度规定的程序,对在互动易平台发布或者回复投资者提问涉及的信息进行审核。"

读性度量[①]。用公式表示为：

$$\text{Readability} = \frac{1}{N} \sum_{s=1}^{N} \log P_s \qquad (6-2)$$

其中，P_s 表示句子 s 生成的概率，N 表示构成文本的句子数。其值越高，表示文本中词对搭配顺序出现的频率越高，文本越容易被理解，文本可读性越高；反之，则表示词组出现的频率越低，文本越不容易被理解，文本可读性越差。

（2）互动式信息披露质量。

深交所、上交所分别于 2010 年、2013 年开通"互动易"和"上证 e 互动"，作为投资者主要是中小投资者与上市公司的双向信息沟通平台，具有互动性、实时性以及低成本、高效率传播等特点，是我国资本市场在互动式信息披露方面的重要制度创新，其"双向互动"的特点形成对传统"单向发布"式信息披露的有效补充或潜在替代（张新民等，2021）。从信息披露的强制性来看，一方面，交易所互动平台不属于法定信息披露渠道，在回复内容和时间点上，上市公司有一定自主权，不像定期报告或临时公告有严格的格式、时间等要求，也可以使用"谢谢关注""请关注公告"等"外交辞令式"回答，所以互动式信息披露具有自愿性特征；另一方面，交易所互动平台又具有官方属性，互动交流系在交易所监管下以问答形式进行信息交换（赵杨和赵泽明，2018），需由上市公司需指派专人负责，及时回复，且回复内容也面临交易所的形式审核，所以互动式信息披露具有半强制的特征。据此，本书将其界定为半强制信息披露。

[①] 其主要构建过程如下：第一，利用 Word Embedding 将每个词表示成一个密集的固定长度的实值向量，然后语义相近的词在向量空间上具有相同的向量表示；第二，借鉴 Hierarchical Softmax 和 Negative Sampling 的优化思想，可计算得到句子的生成概率；第三，再将各个句子生成概率乘积的对数均值作为该文档的可读性度量。

就互动式信息披露质量的衡量，张新民等（2021）利用2014～2017年"上证e互动"平台的投资者问答数据，构建了互动平台的回复率、回复及时性两个行为维度指标和回复实质性、回复充分性两个内容维度指标。陈华等（2022）从回复及时性及平均字数两个维度构建了管理层回复的质量指标。

张志红等（2018）发现，较高频率的财报披露有助于非专业投资者提高盈利预测准确性，参考张新民等（2021），本书采用互动平台回复率指标即披露频率衡量互动式信息披露质量。具体而言，选取上市公司收到投资者在互动平台上提问后1天内予以答复的频率，当上市公司没有回复或回复时间超出1天时，该提问记录视作未被回复。计算公式为：

$$\text{Reply}_{i,t} = \frac{\sum t\text{年}1\text{天内回复记录总数}}{t\text{年提问记录总数}} \quad (6-3)$$

（3）ESG信息披露质量。

ESG可持续发展理念主张企业从传统的"股东至上"转向"关注利益相关方利益"，ESG视角下投资者需充分理解环境、社会以及治理等非财务因素对投资决策的影响。ESG信息披露质量也是近年来实务界与学术界关注的热点话题。

本书采用第三方评分衡量ESG信息披露质量，借鉴翟胜宝和程妍婷（2023）、巴曙松等（2023）、郑丽等（2024）做法，采用彭博终端ESG信息披露质量评分（Bloomberg ESG指数）。该评分反映公司ESG活动的披露质量，系基于社会责任报告、年度报告、网站信息等向公众披露的ESG信息数据评估企业披露ESG行为的程度（Li et al.，2024；Christensen et al.，2022），上市公司ESG信息披露指标在［0，100］区间变动，得分越高，表明ESG披露质量越好。彭博ESG得分被学者们广泛用于衡量企业ESG透明度，虽然不反映

ESG绩效，但反映了企业披露ESG"言"的力度（郑丽等，2024），是对ESG信息披露行为的评分，而上市公司"ESG信息披露行为"负责人正是董事会秘书。

2. 解释变量

解释变量为董秘的心理特征，具体包括董秘的价值观、社会公理—劳酬相宜、认知风格、风险态度、人格特质（宜人性、责任感、开放性）、主动性人格。解释变量的度量采用成熟的心理学量表，具体见5.1.2"主要变量的测量与检验"。

3. 异质性检验调节变量

根据高阶理论，工作自主权在高管特征与组织绩效之间产生调节作用，自主权高的高管人员取向可以通过组织绩效得以反映，反之则较难反映。可见，现实中董秘对企业的信息披露质量能产生多大影响，会受制于董秘的决策自主权。本书选取企业产权性质、董秘信息披露决策独立性作为异质性检验的调节变量。

4. 控制变量

控制变量包括两个层面：一是公司层面，包括公司规模、资产负债率、账面市值比、经营情况、股权集中度、产权性质以及上市所在交易所；二是董秘特征，包括人口统计学特征即董秘学历、性别和年龄，在稳健性检验中，还将进一步控制"董秘独特个人特征"，包括专业背景、专业—文理、工作经历、兼职状态和任职时长。

所有变量的定义见表6-1。

表 6-1　　　　　　　　　　变量定义汇总

变量类型	变量名称	变量符号	变量定义
被解释变量——信息披露质量	年报管理层讨论与分析文本可读性	Readability_MDA	WinGo管理层讨论与分析可读性指标。年报中管理层讨论与分析章节中各个句子生成概率乘积的对数似然的均值，其值越高，文本可读性越强
	互动式信息披露质量-1天内回复率	Replyrate1	沪深交易所投资者互动平台公司于1天内的回复率
	ESG信息披露质量	ESG	彭博信息披露质量评分
解释变量——心理特征	价值观	Value_colle	集体主义价值观=1，个人主义价值观=0
	社会公理——劳酬相宜	Value_norm	社会公理量表平均分
	认知风格	Cogin	系统型认知风格=1，直觉型认知风格=0
	风险态度	Risk averse	风险厌恶型=1，否则=0
	人格特质——宜人性	Persn_agree	宜人性=1，否则=0
	人格特质——责任感	Persn_respo	责任感=1，否则=0
	人格特质——开放性	Persn_open	开放性=1，否则=0
	主动性人格	Urpi	积极主动性人格=1，其他=0
控制变量	公司规模	Size	总资产的自然对数
	资产负债率	Lev	总负债/总资产
	账面市值比	BM	净资产/总市值
	盈利能力	ROE	税后净利润/净资产
	股权集中度	TOP1	第一大股东持股/总股本
	产权性质	SOE	国有控股=1，否则=0
	上市所在交易所	SHSE	上交所=1，否则=0
	学历——研究生	Degree	硕士研究生及以上=1，否则=0
	性别	Gender	男性=1，女性=0
	年龄	Age	30岁及以下=0，30~40（含40岁）=1，40~50岁（含50岁）=2，50~60岁（含60岁）=3，60岁以上=4

续表

变量类型	变量名称	变量符号	变量定义
其他变量	年报整体可读性	Readability_FS	WinGo年报可读性指标。年报全文各个句子生成概率乘积对数似然的均值,其值越高,文本可读性越强
	互动式信息披露质量-2天内回复率	Replyrate2	沪深交易所投资者互动平台公司于2天内回复的回复率
	环境分项披露质量	E	彭博——环境披露质量评分
	社会分项披露质量	S	彭博——社会披露质量评分
	治理分项披露质量	G	彭博——治理披露质量评分
	专业背景	Edu	所学专业为经济、法律、财务、金融或管理=1,否则=0
	专业——文理	Scien	理科=1,文科=0
	工作经历	Experi	之前工作经历为经济、法律、财务、金融或管理=1,否则=0
	兼职状态	Status	兼职=1,未兼职=0
	任职时长	Time	总任职时长,3年以下=1,4~6年=2,7~9年=3,10~12年=4,13~15年=5,15年以上=6
	信息披露决策独立性	Disdep	问卷调查评分,基本没有=1,有一些=2,有很大=3,非常大=4,完全独立=5

6.2 描述性统计

表6-2列示了主要变量的描述性统计结果。

表6-2　　　　　　　　主要变量的描述性统计

变量	(1) 样本量 count	(2) 均值 mean	(3) 标准差 sd	(4) 最小值 min	(5) 中位数 p50	(6) 最大值 max
Readability_MDA	1 337	-25.497	5.149	-62.338	-24.927	-13.217
Readability_FS	1 650	-19.408	2.497	-32.539	-19.453	-12.390
Replyrate1	1 548	0.235	0.208	0.000	0.180	1.000
Replyrate2	1 548	0.381	0.264	0.000	0.354	1.000
ESG	519	32.113	9.410	11.719	30.621	73.383
E	516	14.348	15.879	0.000	9.302	70.100
S	519	15.177	8.489	0.000	12.001	63.089
G	519	69.325	11.845	27.273	72.818	90.217
Value_colle	1 669	0.738	0.440	0.000	1.000	1.000
Value_norm	1 669	3.915	0.498	1.857	3.929	5.000
Cogin	1 669	0.898	0.303	0.000	1.000	1.000
Persn_agree	1 669	0.143	0.350	0.000	0.000	1.000
Persn_respo	1 669	0.588	0.492	0.000	1.000	1.000
Persn_open	1 669	0.229	0.421	0.000	0.000	1.000
Urpi	1 669	0.368	0.482	0.000	0.000	1.000
Risk averse	1 669	0.151	0.358	0.000	0.000	1.000
Size	1 669	21.881	3.058	0.000	22.002	28.052
Lev	1 669	0.394	0.234	0.000	0.382	4.543
BM	1 669	0.614	0.264	0.000	0.621	1.382
ROE	1 669	0.069	0.252	-4.891	0.071	5.979
SOE	1 669	0.235	0.424	0.000	0.000	1.000
TOP1	1 669	33.395	15.291	0.000	31.447	88.235
SHSE	1 669	0.398	0.490	0.000	0.000	1.000

续表

变量	(1) 样本量 count	(2) 均值 mean	(3) 标准差 sd	(4) 最小值 min	(5) 中位数 p50	(6) 最大值 max
Status	1 669	0.803	0.398	0.000	1.000	1.000
Edu	1 669	0.940	0.237	0.000	1.000	1.000
Experi	1 669	0.899	0.301	0.000	1.000	1.000
Scien	1 669	0.531	0.499	0.000	1.000	1.000
Degree	1 669	0.525	0.500	0.000	1.000	1.000
Gender	1 669	0.672	0.470	0.000	1.000	1.000
Age	1 669	4.524	1.245	1.000	5.000	6.000

其中，自变量董秘心理特征的描述性统计结果与问卷调查结果基本一致。

因变量信息披露质量代理变量的描述性统计结果如下：

年报 MDA 文本可读性方面，在总共 1 337 个观测值中，可读性均值为 -25.497，中位数为 -24.927，最小值为 -62.338，最大值 -13.217，标准差为 5.149；而年报整体文本可读性共 1 650 个观测值中，均值为 -19.408，中位数为 -19.453，标准差为 2.497，年报整体可读性的描述性统计数据与蔡荣江（2024）的研究数据接近（该研究选取的 2010~2018 年共 895 家上市公司、4 200 个有效样本中，年报整体可读性均值为 -18.29，中位数为 -18.2，标准差为 2.227）。

互动平台回复率方面，在总共 1 548 个观测值中：1 天以内回复率（Replyrate1）的均值为 23.5%、中位数是 18%，平均 1 天内回复率较张新民等（2021）描述的 17% 略有提高；2 天以内回复率（Replyrate2）的均值为 38.1%、中位数 35.4%。1 天或 2 天的回复率总体中等偏下，可能的原因是上交所对互动平台回复期限没有明确或强制性的要求（调查样本中39.8%的公司为上交所上市公司），故整体回复率偏低。

ESG披露质量的得分悬殊较大，在总共519个观测值中：按总分100分计，最高分为73.383分，最低的仅11.719分，平均得分32.113分，中位数为30.621分，表明样本企业间的ESG信息披露质量具有较大差异。总体而言，ESG得分虽然比翟胜宝（2023）研究中样本企业的得分高出一些，但整体而言得分普遍不高（若参照交易所的信息披露质量考核评分，80分以上为良好），A股上市公司的ESG披露工作还处于起步阶段。从E、S、G各维度得分来看，E和S的得分普遍很低，环境E的平均得分仅14.348分，社会S的平均得分也仅15.177分，而G公司治理作为上市公司从准备上市开始就必须重视的"标准动作"，也是年报中一直要求的重点披露内容，最高分达90.217分，平均得分也有69.325分，远高于环境和社会维度的得分。

6.3　主回归结果分析

6.3.1　董秘价值观、社会公理与信息披露质量的实证检验

表6-3列示了在控制行业固定效应和公司特征后，董秘心理特征中的价值观、社会公理两个变量与信息披露质量的回归结果。

表6-3　　　　　　价值观、社会公理与信息披露质量

	(1) Readability_MDA	(2) Replyrate1	(3) ESG	(4) Readability_MDA	(5) Replyrate1	(6) ESG
Value_colle	-0.581* (-1.88)	0.017 (1.38)	3.359*** (3.41)			
Value_norm				0.689** (2.45)	0.003 (0.28)	2.869*** (3.75)
Size	-0.663*** (-4.49)	-0.037*** (-7.43)	6.087*** (12.55)	-0.685*** (-4.62)	-0.036*** (-7.43)	5.910*** (12.20)
Lev	0.044 (0.07)	0.039* (1.81)	-10.254*** (-4.04)	-0.155 (-0.25)	0.040* (1.83)	-9.294*** (-3.65)
BM	0.822 (1.25)	0.031 (1.21)	-5.128*** (-2.97)	0.906 (1.37)	0.032 (1.26)	-3.934** (-2.37)
ROE	0.212 (0.41)	-0.035** (-2.21)	-0.953 (-0.35)	0.238 (0.45)	-0.035** (-2.18)	-1.666 (-0.58)
SOE	1.255*** (3.01)	-0.010 (-0.63)	2.851** (2.50)	1.250*** (2.98)	-0.010 (-0.64)	2.088* (1.79)
TOP1	0.005 (0.36)	-0.000 (-0.61)	-0.138*** (-4.60)	0.002 (0.15)	-0.000 (-0.58)	-0.104*** (-3.32)
SHSE	-1.173*** (-3.80)	-0.094*** (-7.92)	-0.393 (-0.41)	-1.182*** (-3.83)	-0.095*** (-8.10)	0.343 (0.37)
Gender	0.105 (0.34)	-0.011 (-1.00)	-1.105 (-1.08)	0.048 (0.16)	-0.010 (-0.91)	-1.458 (-1.44)
Age	0.274** (2.21)	0.000 (0.03)	-0.578* (-1.86)	0.275** (2.21)	0.000 (0.04)	-0.643** (-2.09)
Degree	-0.013 (-0.04)	-0.008 (-0.74)	2.144*** (2.63)	0.045 (0.16)	-0.009 (-0.83)	2.102** (2.55)
Constant	-9.172*** (-2.98)	0.900*** (8.46)	-87.968*** (-9.07)	-11.812*** (-3.49)	0.894*** (7.91)	-94.233*** (-9.01)

续表

	(1) Readability_MDA	(2) Replyrate1	(3) ESG	(4) Readability_MDA	(5) Replyrate1	(6) ESG
Industry	Yes	Yes	Yes	Yes	Yes	Yes
Obs.	1 315	1 547	518	1 315	1 547	518
R^2	0.196	0.173	0.517	0.197	0.172	0.518
Adj. R^2	0.164	0.146	0.475	0.166	0.145	0.477

注：***、**、*分别表示通过双侧t检验在1%、5%和10%的水平上显著。

1. 价值观与信息披露质量的回归结果

（1）董秘持集体主义价值观与其所在公司年报 MDA 文本可读性的回归系数在 10% 的水平上显著负相关（系数 = -0.581，t = -1.88），表明相较于个人主义价值观，董秘持集体主义价值观会降低所在公司年报 MDA 的可读性，原因可能是集体主义价值观者会更习惯于以宏大叙事的复杂方式撰写文本，导致文字晦涩难懂，较难满足信息披露"简明清晰，通俗易懂"的要求，降低了文本可读性。（2）董秘持集体主义价值观与所在公司 ESG 披露质量的回归系数在 1% 水平上显著为正（系数 = 3.359，t = 3.41），表明董秘持集体主义价值观显著提升了所在公司 ESG 信息披露质量，原因可能是集体主义价值观者会更多兼顾利益相关方的利益，这与 ESG 所倡导和强调的"更多关注利益相关方诉求"是一致的。（3）集体主义价值观与互动平台的回复率没有显著关系，原因可能如前面所分析，互动平台上回复投资者问题，是董秘比较常规和琐碎的日常基础工作，更多体现了其个人或所领导的证券事务部门的工作习惯（例如本书访谈的 D 董秘表示，其公司内部制度自行规定互动平台在 3 天内回复），还上升不到价值观层面，故集体主义价值观与互动平台回复率没有显著关系。

2. 社会公理与信息披露质量的回归结果

（1）持"社会公理—劳酬相宜"观念的董秘与所在公司年报MDA文本可读性的回归系数在5%水平上显著正相关（系数=0.689，t=2.45），表明持劳酬相宜观念的董秘显著促进了所在公司年报MDA的文本可读性，其原因可能如假设部分所分析，这类董秘倾向于采取说服性策略，故沟通能力更强，他们深谙"简明清晰、通俗易懂"的文本对于说服投资者进而吸引投资者关注的重要性，如本书所访谈的C董秘强调"通过换位思考和同理心来构建投资者能理解的语境"，提升了文本可读性。（2）持"社会公理—劳酬相宜"观念的董秘与所在公司ESG信息披露质量的回归系数在1%水平上显著正相关（系数=2.869，t=3.75），表明劳酬相宜观念的董秘显著促进了公司ESG信息披露质量，其原因可能是"劳酬相宜"观念强的董秘在满足监管部门关于"职业道德"的要求以及信息披露公平性方面做得更好，由于他们相信"付出总有回报"，所以更乐于自愿做出一些与提升公司信息披露质量和品牌美誉度有关的行为，这显著促进了现阶段以自愿自主披露为主的ESG信息披露的质量。（3）和价值观变量一样，社会公理—劳酬相宜得分高的董秘，并没有显著提高互动平台回复率，原因可能类似于前述价值观部分的分析，即回复投资者问题是简单而基础的工作，还上升不到"人生信念"层面，故董秘持劳酬相宜观念与互动平台回复率没有显著相关性。

3. 控制变量方面的回归结果

一是公司层面的控制变量，（1）公司规模（Size）与年报MDA

文本可读性、互动平台 1 天内回复率均在 1% 置信水平上显著负相关（系数 = -0.663，t = -4.49；系数 = -0.037，t = -7.43），表明公司规模越大，年报 MDA 可读性越差，互动平台 1 天内回复率越低，原因可能是规模大的公司容易犯"大企业病"、陷入官僚化；但公司规模与 ESG 信息披露质量在 1% 水平上显著正相关（系数 = 6.087，t = 12.55），即大公司 ESG 信息披露质量更高①，这与巴曙松等（2023）、朱荣等（2023）的研究结果保持一致。（2）资产负债率（Lev）与互动平台 1 天内的回复率在 10% 水平上正相关，可能的原因是负债率高的公司危机感更强，更需要实时向投资者传递信息，以带来市场的关注度和传播量；资产负债率与 ESG 信息披露质量在 1% 水平上显著负相关，可能是资产负债率高意味着财务风险较大，这也与朱荣等（2023）的研究结果一致。（3）公司账面市值比（BM）高以及第一大股东持股集中度（TOP1）高的公司，ESG 信息披露质量更低，国有企业的年报文本可读性、ESG 信息披露质量更高，上交所公司的年报文本可读性和互动平台回复率更低。二是董秘人口统计学控制变量方面，董秘年龄（Age）与所在公司 MDA 文本可读性在 5% 水平上显著正相关、与 ESG 信息披露质量在 10% 水平上显著负相关，董秘学历（Degree）ESG 信息披露质量在 1% 水平上显著正相关，可能的原因是年轻董秘更愿意主动进行自愿信息披露而年长董秘更循规蹈矩，以及学历高的董秘对 ESG 可持续发展理念接受程度更高，并且更愿意身体力行去推动 ESG 实践；本书研究显示，董秘性别（Gender）与信息披露质量无显著相关关系。

---

① 规模大的公司披露 ESG 信息的动机也更强。《中国上市公司 ESG 发展白皮书（2021）》调研显示，金融地产行业具有庞大的资产规模和较高的营业收入，在 ESG 信息披露方面也有更完善的内部制度。

控制变量的上述回归结果在其他心理特征单个变量回归结果中，整体上保持基本一致。

6.3.2 董秘认知风格、风险态度与信息披露质量的实证检验

表6-4列示了董秘认知风格、风险态度与信息披露质量的回归结果。

表6-4　　　　　认知风格、风险态度与信息披露质量

	(1) Readability_MDA	(2) Replyrate1	(3) ESG	(4) Readability_MDA	(5) Replyrate1	(6) ESG
Cogin	0.542 (1.17)	0.047*** (2.78)	2.693* (1.68)			
Risk_averse				-1.167*** (-3.31)	0.028* (1.69)	0.699 (0.67)
Size	-0.597*** (-4.19)	-0.034*** (-6.73)	6.066*** (11.71)	-0.642*** (-4.55)	-0.036*** (-7.44)	5.852*** (12.08)
Lev	0.068 (0.11)	0.044** (2.08)	-8.543*** (-3.38)	0.040 (0.07)	0.037* (1.74)	-8.450*** (-3.35)
BM	0.680 (1.05)	0.035 (1.40)	-4.063** (-2.29)	0.639 (1.00)	0.033 (1.33)	-4.525** (-2.58)
ROE	0.191 (0.37)	-0.035** (-2.32)	-1.128 (-0.43)	0.177 (0.34)	-0.033** (-2.14)	-0.677 (-0.25)
SOE	1.006*** (2.69)	-0.014 (-0.84)	2.290** (2.03)	1.035*** (2.77)	-0.011 (-0.66)	2.662** (2.44)
TOP1	0.013 (1.17)	-0.000 (-0.59)	-0.102*** (-3.43)	0.014 (1.31)	-0.000 (-0.60)	-0.102*** (-3.38)

续表

	(1) Readability_MDA	(2) Replyrate1	(3) ESG	(4) Readability_MDA	(5) Replyrate1	(6) ESG
SHSE	-1.244*** (-4.21)	-0.098*** (-8.31)	-0.502 (-0.57)	-0.989*** (-3.24)	-0.100*** (-8.55)	-0.632 (-0.70)
Gender	0.067 (0.22)	-0.006 (-0.56)	-0.916 (-0.85)	0.001 (0.00)	-0.010 (-0.88)	-1.539 (-1.50)
Age	0.251** (2.05)	-0.002 (-0.45)	-0.814*** (-2.63)	0.255** (2.08)	0.001 (0.13)	-0.650** (-2.09)
Degree	0.110 (0.40)	-0.010 (-0.95)	1.483* (1.84)	0.074 (0.27)	-0.007 (-0.67)	1.848** (2.26)
Constant	-11.958*** (-4.02)	0.814*** (7.09)	-87.955*** (-7.99)	-10.736*** (-3.76)	0.903*** (8.54)	-80.955*** (-8.44)
Industry	Yes	Yes	Yes	Yes	Yes	Yes
Obs.	1 315	1 547	518	1 315	1 547	518
R²	0.194	0.178	0.508	0.199	0.176	0.504
Adj. R²	0.162	0.151	0.465	0.168	0.149	0.462

注：***、**、*分别表示通过双侧t检验在1%、5%和10%的水平上显著。

1. 认知风格与信息披露质量的回归结果

（1）董秘持系统型认知风格与其所在公司互动平台1天内的回复率在1%水平上显著正相关（系数=0.047, t=2.78），表明相较于直觉型认知风格，董秘持系统型认知风格会显著提升所在公司互动平台的回复率，原因可能是系统型认知风格董秘为考虑公司整体形象、树立与中小投资者互动的良好面貌，会有意识地提升回复率。（2）董秘持系统型认知风格与其所在公司ESG披露质量的回归系数在10%水平上显著为正（系数=2.693, t=1.68），系统型认知风格董秘提升了所在公司ESG信息披露质量，原因可能是系统型认知风格董秘会更全面系统地考虑利益相关方权利，对于强制性信息披露所未能触达的领域，主动通过自愿性信息披露来补充和完善。（3）但系统型认知风格董秘对所在公司的年报 MDA 可读性并没有显著影响，可能是系统型风格董秘在撰写文本时考虑得过于"系统"：既可能因系统考虑后"内容庞杂"导致年报 MDA 文本复杂性提高，也可能因系统考虑后"条理清晰"提高可读性，故体现在实证结果上，系统型认知风格既没有提高也没有降低可读性。

2. 董秘风险态度与信息披露质量的回归结果

（1）风险厌恶型董秘与其所在公司年报 MDA 可读性在 1% 水平上显著负相关（系数 = -1.167，t = -3.31），表明风险厌恶型董秘会降低所在公司年报 MDA 的文本可读性，原因可能是风险厌恶型董秘严谨、保守，为规避风险，使用了过于复杂的文字表达，降低了文本可读性。（2）风险厌恶型董秘与所在公司互动平台 1 天内回复率在 10% 水平上显著正相关（系数 = 0.028，t = 1.69），即相较于风险寻求型和风险中性董秘，风险厌恶型董秘所在公司互动平台 1 天内的回复率更高，原因可能是风险厌恶型董秘更倾向于按部就班完成分内工作，不愿意在系统中显示有过多"待办事项"[①]，也不愿因此带来投资者催促、质疑或者可能引发的监管关注或舆情风险。毕竟，长期不回复互动平台或互动平台回复率过低可能会带来被监管关注的风险[②]。（3）实证结果表明，董秘风险态度与 ESG 这一自

[①] 实务中，如果互动平台有待回复的问题，在上市公司信息披露系统中显示为"待办事项"，并且每日跳出提醒信息。

[②] 例如，2024 年 4 月深交所就向数家存在长期不回复投资者关系互动平台投资者提问的公司发出监管函，表示"上市公司应指派或授权专人及时查看并处理互动易的相关信息，就投资者关心问题及时答复，请公司董事会充分重视投资者关系管理工作，吸取教训，及时整改，杜绝上述问题的再次发生"。

愿信息披露质量不存在显著的相关关系。

6.3.3 董秘人格特质、主动性人格与信息披露质量的实证检验

表6-5列示了董秘人格特质、主动性人格与信息披露质量的回归结果。

表6-5　　　　人格特质、主动性人格与信息披露质量

	(1) Readability_MDA	(2) Replyrate1	(3) ESG	(4) Readability_MDA	(5) Replyrate1	(6) ESG
Urpi				0.411 (1.41)	-0.004 (-0.36)	2.974*** (3.58)
Persn_agree	0.961 (1.43)	-0.069* (-1.79)	8.255*** (3.62)			
Persn_respo	-0.211 (-0.34)	-0.014 (-0.38)	11.170*** (4.82)			
Persn_open	0.482 (0.70)	-0.070* (-1.90)	10.568*** (4.56)			
Size	-0.598*** (-4.17)	-0.037*** (-7.62)	6.485*** (12.53)	-0.609*** (-4.28)	-0.036*** (-7.47)	6.041*** (12.45)
Lev	-0.051 (-0.08)	0.041** (1.99)	-10.315*** (-4.00)	-0.110 (-0.18)	0.039* (1.85)	-9.762*** (-3.80)
BM	0.602 (0.94)	0.032 (1.30)	-4.804*** (-2.86)	0.642 (0.99)	0.033 (1.30)	-5.243*** (-3.00)
ROE	0.229 (0.46)	-0.034** (-2.37)	-0.156 (-0.07)	0.255 (0.49)	-0.034** (-2.22)	-0.091 (-0.03)

续表

	(1) Readability_MDA	(2) Replyrate1	(3) ESG	(4) Readability_MDA	(5) Replyrate1	(6) ESG
SOE	1.038*** (2.74)	-0.011 (-0.67)	0.565 (0.46)	1.045*** (2.79)	-0.011 (-0.71)	3.174*** (2.89)
TOP1	0.008 (0.76)	0.000 (0.23)	-0.126*** (-4.36)	0.011 (1.03)	-0.000 (-0.52)	-0.094*** (-3.21)
SHSE	-1.341*** (-4.32)	-0.096*** (-8.15)	1.580 (1.58)	-1.232*** (-4.19)	-0.095*** (-8.15)	-0.349 (-0.40)
Gender	-0.062 (-0.20)	-0.004 (-0.37)	-1.023 (-0.99)	0.032 (0.11)	-0.011 (-0.95)	-1.268 (-1.24)
Age	0.327*** (2.62)	-0.004 (-0.79)	-0.739** (-2.41)	0.286** (2.35)	0.000 (0.01)	-0.782** (-2.50)
Degree	-0.009 (-0.03)	-0.001 (-0.08)	2.496*** (3.09)	0.124 (0.45)	-0.009 (-0.81)	1.333* (1.65)
Constant	-10.826*** (-3.67)	0.912*** (7.90)	-106.600*** (-9.13)	-11.156*** (-3.89)	0.904*** (8.53)	-84.486*** (-8.79)
Industry	Yes	Yes	Yes	Yes	Yes	Yes
Obs.	1 315	1 547	518	1 315	1 547	518
R^2	0.200	0.189	0.536	0.195	0.175	0.516
Adj. R^2	0.167	0.161	0.494	0.163	0.147	0.474

注：***、**、*分别表示通过双侧t检验在1%、5%和10%的水平上显著。

1. 人格特质与信息披露质量的回归结果

（1）董秘的宜人性、开放性人格特质与其所在公司互动平台1天内的回复率均在10%水平上显著负相关（系数= -0.069，t= -1.79；系数= -0.070，t= -1.90），即宜人性和开放性董秘所在公司的互动平台1天内回复率更低，原因可能是宜人性、开放性董秘更加乐观和开放，并不会过于循规蹈矩，对于这种半强制性而非法定强制性的互动式信息披露质量，其不认为滞后回复会带来太大影响，故回复率更低，而董秘的责任感与公司互动平台回复率没有显著相关关系。(2) 宜人性、责任感、开放性的董秘与其所在公司 ESG 信息披露质量均在 1% 水平上显著为正（系数 = 8.255，t = 3.62；系数 = 11.170，t = 4.82；系数 = 10.568，t = 4.56），表明董秘的上述人格特质均显著促进了其所在公司的 ESG 披露质量，这可能与宜人性的"利他主义"、责任感的"较高抱负、追求卓越"、开放性的"尝试新鲜事物"等特征不无关系，即董秘的人格特质与 ESG 这一自愿性信息披露质量显著正相关。(3) 实证结果表明，董秘人格特质与 MDA 文本可读性并没有显著相关关系。

2. 主动性人格与信息披露质量的回归结果

（1）主动性人格的董秘与所在公司 ESG 信息披露质量在 1% 水平上显著正相关（系数 = 2.974，t = 3.58），即主动性人格显著提升了 ESG 信息披露质量。原因可能在于，目前 ESG 信息披露对 A 股多数公司而言属于自愿行为，而自愿作出某种行动显然需要更加积极主动的作为。（2）董秘的主动性人格与所在上市公司的年报 MDA 文本可读性、互动平台回复率没有显著关系。

6.4　稳健性检验

为考察上述研究结果的可靠性，本书从三方面进行稳健性检验，分别是：（1）将董秘心理特征变量全部纳入模型进行整体回归；（2）增加董秘其他独特个人特征控制变量；（3）采用信息披露质量的替代性计量。

6.4.1 董秘心理特征变量全部纳入模型进行整体回归

主检验结果表明不同的董秘心理特征会对公司的信息披露质量产生影响，因此，本部分将全部董秘心理特征变量纳入模型，进行交叉控制，再次进行检验。也即，在控制其他董秘心理特征的情况下，再次考察董秘某一心理特征对企业信息披露质量的影响。表6-6报告了这一检验的结果。回归结果显示，除列（3）中认知风格（Cogin）对ESG信息披露质量的影响变得不显著、主动性人格（Urpi）对ESG信息披露质量的影响变成边际显著外，其余结论与主检验基本一致，总体表明主检验结果具有稳健性。

表6-6　　　　　　关键解释变量整体回归

	(1) Readability_MDA	(2) Replyrate1	(3) ESG
Value_colle	-0.603** (-2.00)	0.020 (1.61)	2.405** (2.47)
Value_norm	0.595** (2.15)	0.002 (0.21)	2.377*** (3.20)
Cogin	0.688 (1.44)	0.036** (2.05)	0.059 (0.03)
Risk_averse	-1.193*** (-3.35)	0.027* (1.65)	1.190 (1.05)
Urpi	0.335 (1.12)	-0.003 (-0.28)	1.445 (1.59)
Persn_agree	0.701 (1.02)	-0.073* (-1.88)	4.978* (1.69)

续表

	(1) Readability_MDA	(2) Replyrate1	(3) ESG
Persn_respo	-0.496 (-0.77)	-0.018 (-0.50)	7.837*** (2.66)
Persn_open	0.277 (0.40)	-0.074** (-2.01)	7.208*** (2.60)
Constant	-13.956*** (-4.35)	0.838*** (6.78)	-115.653*** (-9.96)
Controls	Yes	Yes	Yes
Industry	Yes	Yes	Yes
Obs.	1 315	1 547	518
R^2	0.214	0.195	0.555
Adj. R^2	0.179	0.164	0.509

注：***、**、*分别表示通过双侧 t 检验在 1%、5% 和 10% 的水平上显著。

6.4.2 增加董秘独特个人特征的控制变量

已有研究表明，高管专业背景（程新生和赵旸，2019；马美婷等，2023）、高管经验（王浩等，2015；卢强等，2024）、任职期限（向杨等，2014；窦笑晨，2019）和兼职状态（陈伟民，2007；刘佟和李强，2016）会对企业决策及表现产生影响。而本书问卷调查也取得了一般公开信息中较难取得的董秘专业背景、工作经历、任职时长、兼职状态等其他个人特征变量。因此，本部分在模型中额外增加专业—文理（Scien）、专业背景（Edu）、工作经历（Experi）、任职时长（Time）、兼职状态（Status）等其他董秘特征控制变量，再次进行检验。表 6-7 报告了检验结果，结果显示，除

Panel B 列（3）中 Cogin 对 ESG 正向影响变得不再显著之外，其他结论保持不变。

表 6-7　　　　　增加董秘独特个人特征控制变量

Panel A　价值观、社会公理与信息披露质量

	(1) Readability_MDA	(2) Replyrate1	(3) ESG	(4) Readability_MDA	(5) Replyrate1	(6) ESG
Value_colle	-0.581* (-1.89)	0.011 (0.86)	3.200*** (3.30)			
Value_norm				0.905*** (3.34)	0.005 (0.45)	2.521*** (3.58)
Scien	-0.146 (-0.51)	-0.016 (-1.32)	-1.262 (-1.41)	-0.048 (-0.17)	-0.017 (-1.46)	-2.146** (-2.44)
Edu	-0.153 (-0.26)	0.005 (0.20)	-0.637 (-0.33)	-0.264 (-0.45)	0.005 (0.19)	-0.361 (-0.19)
Experi	-0.237 (-0.50)	0.033** (2.01)	7.479*** (4.45)	-0.288 (-0.60)	0.034** (2.07)	6.915*** (4.10)
Time	0.096 (0.87)	0.009** (2.21)	-1.011*** (-3.65)	0.076 (0.69)	0.009** (2.29)	-1.152*** (-4.06)
Status	-1.047*** (-3.34)	-0.025* (-1.77)	3.760*** (4.27)	-1.193*** (-3.82)	-0.026* (-1.77)	2.989*** (3.55)
Constant	-9.358*** (-3.22)	0.913*** (8.33)	-82.423*** (-9.15)	-12.607*** (-4.04)	0.899*** (7.82)	-85.301*** (-8.96)
Controls	Yes	Yes	Yes	Yes	Yes	Yes
Industry	Yes	Yes	Yes	Yes	Yes	Yes
Obs.	1 315	1 547	518	1 315	1 547	518
R^2	0.203	0.184	0.566	0.207	0.184	0.565
Adj. R^2	0.168	0.154	0.523	0.173	0.154	0.523

续表

Panel B　认知风格、风险态度与信息披露质量

	(1) Readability_MDA	(2) Replyrate1	(3) ESG	(4) Readability_MDA	(5) Replyrate1	(6) ESG
Cogin	0.663 (1.43)	0.053*** (3.01)	1.582 (1.00)			
Risk_averse				−1.083*** (−3.12)	0.031* (1.85)	0.500 (0.45)
Scien	−0.029 (−0.10)	−0.014 (−1.23)	−1.764** (−1.97)	−0.071 (−0.25)	−0.018 (−1.51)	−1.915** (−2.16)
Edu	−0.104 (−0.18)	0.012 (0.46)	0.113 (0.06)	−0.181 (−0.31)	0.006 (0.25)	−0.367 (−0.19)
Experi	−0.305 (−0.64)	0.032* (1.95)	7.256*** (4.28)	−0.242 (−0.51)	0.033** (2.01)	7.476*** (4.46)
Time	0.094 (0.85)	0.010** (2.54)	−1.086*** (−3.80)	0.065 (0.59)	0.010** (2.42)	−1.105*** (−3.76)
Status	−1.080*** (−3.41)	−0.028** (−1.98)	3.165*** (3.56)	−0.995*** (−3.17)	−0.026* (−1.81)	3.306*** (3.72)
Constant	−10.725*** (−3.56)	0.817*** (6.92)	−80.770*** (−7.54)	−9.379*** (−3.23)	0.919*** (8.42)	−76.09*** (−8.48)
Controls	Yes	Yes	Yes	Yes	Yes	Yes
Industry	Yes	Yes	Yes	Yes	Yes	Yes
Obs.	1 315	1 547	518	1 315	1 547	518
R^2	0.202	0.188	0.556	0.206	0.186	0.555
Adj. R^2	0.167	0.158	0.513	0.171	0.156	0.512

续表

Panel C 主动性人格、人格特质与信息披露质量

	(1) Readability_MDA	(2) Replyrate1	(3) ESG	(4) Readability_MDA	(5) Replyrate1	(6) ESG
Urpi				0.450 (1.53)	−0.001 (−0.09)	2.645*** (2.93)
Persn_agree	0.942 (1.37)	−0.068* (−1.73)	7.535*** (2.77)			
Persn_respo	−0.316 (−0.49)	−0.013 (−0.36)	11.425*** (4.21)			
Persn_open	0.374 (0.53)	−0.067* (−1.78)	10.502*** (3.92)			
Scien	−0.000 (−0.00)	−0.019 (−1.64)	−1.553* (−1.65)	−0.081 (−0.28)	−0.017 (−1.46)	−1.484 (−1.63)
Edu	0.003 (0.00)	0.002 (0.08)	−1.783 (−0.84)	−0.163 (−0.27)	0.005 (0.21)	0.254 (0.13)
Experi	−0.255 (−0.53)	0.029* (1.78)	8.133*** (4.62)	−0.238 (−0.49)	0.034** (2.06)	6.678*** (3.95)
Time	0.092 (0.84)	0.008** (2.07)	−0.790** (−2.39)	0.081 (0.74)	0.009** (2.29)	−0.853*** (−2.88)
Status	−1.107*** (−3.53)	−0.022 (−1.58)	4.414*** (5.27)	−1.074*** (−3.42)	−0.025* (−1.74)	3.895*** (4.39)
Constant	−9.386*** (−3.11)	0.931*** (7.86)	−105.24*** (−8.84)	−9.727*** (−3.33)	0.916*** (8.36)	−80.76*** (−8.78)
Controls	Yes	Yes	Yes	Yes	Yes	Yes
Industry	Yes	Yes	Yes	Yes	Yes	Yes
Obs.	1 315	1 547	518	1 315	1 547	518
R^2	0.208	0.197	0.589	0.202	0.184	0.564
Adj. R^2	0.172	0.166	0.546	0.167	0.153	0.521

注：***、**、* 分别表示通过双侧 t 检验在 1%、5% 和 10% 的水平上显著。

6.4.3 采用信息披露质量的替代性计量

在主回归检验中,本书采用年报 MDA 文本可读性、互动平台 1 天内回复率以及 ESG 信息披露质量度量强制性、半强制性和自愿性信息披露质量。此部分将其替换为年报整体的文本可读性(Readability_FS)、互动平台 2 天内回复率(Replyrate2)以及从环境(E)、社会(S)、治理(G)三个单项得分指标,重新检验。表 6-8 报告了回归结果,除 Pane A 列(1)中价值观对年报整体文本可读性的关系变得不显著外,其余结果与主回归结论基本保持一致。

表 6-8　　　　变换信息披露质量衡量方式

Panel A　价值观与信息披露质量

	(1) Readability_FS	(2) Replyrate2	(3) E	(4) S	(5) G
Value_colle	0.136 (1.06)	0.017 (1.13)	5.363*** (3.21)	4.065*** (5.33)	1.613 (1.08)
Constant	-7.008*** (-6.30)	1.340*** (9.81)	-152.355*** (-9.99)	-63.020*** (-6.74)	-37.749*** (-2.67)
Controls	Yes	Yes	Yes	Yes	Yes
Industry	Yes	Yes	Yes	Yes	Yes
Obs.	1 626	1 547	515	518	518
R^2	0.289	0.225	0.463	0.485	0.296
Adj. R^2	0.266	0.199	0.417	0.441	0.236

续表

Panel B 社会公理与信息披露质量

	(1) Readability_FS	(2) Replyrate2	(3) E	(4) S	(5) G
Value_norm	0.187* (1.79)	0.013 (0.96)	4.774*** (3.59)	2.378*** (3.22)	2.584** (2.55)
Constant	-7.654*** (-6.39)	1.297*** (8.96)	-163.207*** (-9.81)	-66.299*** (-6.67)	-45.473*** (-3.00)
Controls	Yes	Yes	Yes	Yes	Yes
Industry	Yes	Yes	Yes	Yes	Yes
Obs.	1 626	1 547	515	518	518
R^2	0.290	0.225	0.465	0.474	0.302
Adj. R^2	0.267	0.199	0.419	0.429	0.242

Panel C 认知风格与信息披露质量

	(1) Readability_FS	(2) Replyrate2	(3) E	(4) S	(5) G
Cogin	-0.013 (-0.07)	0.054*** (2.59)	-0.915 (-0.36)	4.237*** (2.98)	5.342** (2.43)
Constant	-6.951*** (-6.05)	1.242*** (8.47)	-142.510*** (-7.93)	-67.988*** (-6.32)	-49.296*** (-3.15)
Controls	Yes	Yes	Yes	Yes	Yes
Industry	Yes	Yes	Yes	Yes	Yes
Obs.	1 626	1 547	515	518	518
R^2	0.289	0.228	0.452	0.473	0.304
Adj. R^2	0.266	0.202	0.405	0.428	0.244

续表

Panel D　风险态度与信息披露质量

	(1) Readability_FS	(2) Replyrate2	(3) E	(4) S	(5) G
Risk_averse	-0.575*** (-4.04)	0.043** (2.15)	-1.773 (-0.92)	1.194 (1.20)	0.394 (0.25)
Constant	-7.004*** (-6.36)	1.346*** (9.89)	-145.023*** (-9.13)	-56.976*** (-6.03)	-35.383** (-2.53)
Controls	Yes	Yes	Yes	Yes	Yes
Industry	Yes	Yes	Yes	Yes	Yes
Obs.	1 626	1 547	515	518	518
R^2	0.295	0.227	0.453	0.463	0.295
Adj. R^2	0.273	0.202	0.406	0.417	0.234

Panel E　人格特质与信息披露质量

	(1) Readability_FS	(2) Replyrate2	(3) E	(4) S	(5) G
Persn_agree	-0.422 (-1.52)	-0.027 (-0.63)	5.290 (1.51)	7.353*** (4.15)	9.760** (2.48)
Persn_respo	-0.497** (-1.97)	0.044 (1.09)	10.518*** (3.10)	9.254*** (5.66)	13.431*** (3.39)
Persn_open	-0.363 (-1.33)	-0.036 (-0.89)	8.845** (2.43)	10.782*** (6.73)	9.354** (2.34)
Constant	-6.347*** (-5.43)	1.280*** (8.85)	-175.487*** (-9.33)	-74.542*** (-6.97)	-70.881*** (-3.99)
Controls	Yes	Yes	Yes	Yes	Yes
Industry	Yes	Yes	Yes	Yes	Yes
Obs.	1 626	1 547	515	518	518
R^2	0.290	0.240	0.465	0.496	0.332
Adj. R^2	0.267	0.214	0.416	0.450	0.271

续表

Panel F　主动性人格与信息披露质量

	(1) Readability_FS	(2) Replyrate2	(3) E	(4) S	(5) G
Urpi	0.033 (0.28)	−0.006 (−0.43)	3.630** (2.26)	1.182 (1.25)	4.959*** (4.06)
Constant	−6.992*** (−6.25)	1.346*** (9.88)	−149.245*** (−9.46)	−58.351*** (−6.24)	−41.608*** (−2.95)
Controls	Yes	Yes	Yes	Yes	Yes
Industry	Yes	Yes	Yes	Yes	Yes
Obs.	1 626	1 547	515	518	518
R^2	0.289	0.225	0.458	0.464	0.316
Adj. R^2	0.266	0.199	0.411	0.418	0.257

注：***、**、* 分别表示通过双侧 t 检验在 1%、5% 和 10% 的水平上显著。

6.5　异质性分析

前文研究表明，董秘心理特征会对企业信息披露质量产生较为显著的影响，但在实际工作中董秘能对企业的信息披露决策施加多大影响，还受制于董秘的决策自主权或独立性。为此，本部分从客观和主观两方面，即董秘实际拥有的决策自主权和自身感知的决策自主权两方面来考察"不同决策自主权下，董秘心理特征对公司信息披露质量影响的差异"。其中，董秘实际拥有的决策自主权以其所在公司的产权性质来界定，通常相较于非国有企业，国有企业高管行为会受到更多的合规性约束和决策体制特征影响，董秘决策因此具备较低的自主权；董秘自身感知的决策自主权则来自问卷调查，本书问卷调查取得了董秘对自身信披决策独立性的评价数据，以

Likert5 分制计，董秘信息披露决策独立性平均得 4.28 分，约 90%的董秘表示他们在信息披露决策上的独立性非常大甚至完全独立，表明董秘自身感知在信息披露方面拥有较大的决策自主权。

6.5.1 基于产权性质的异质性分析

不同产权性质的企业，其内部信息获取的畅通度、信息传递和披露的决策流程以及面对的外部信息环境可能有较大差异，不同产权性质公司对信息披露质量的要求和侧重点也有所不同。国有企业的合规性要求极为严格，且"集体决策"是其基本特征，因此决策中个体的作用难免会被弱化。如本书访谈的董秘 B 曾多年在央企工作，他在访谈中多次表示"央企信息披露有非常规范和完整的流程，制度和程序非常扎实。有关事项公告出来以前，内部通常已经过多轮讨论，甚至走了数月的流程"。而民营企业往往更注重决策效率而在决策程序方面有时略为宽松，使得决策中高管个体的作用相对更能体现出来。因此，本部分区分董秘所在公司的产权性质，探索公司产权性质对主检验结果的调节效应。

表 6-9 Panel A 列示了产权性质（SOE）对董秘心理特征与年报 MDA 文本可读性的异质性检验结果。列（3）表明，尽管董秘的系统型认知风格在主检验中对年报 MDA 文本可读性的影响原本不显著，但在加入 SOE 变量及其与 Cogin 的交乘项后，Cogin × SOE 的系数显著为正，说明当董秘所在企业为国企时，董秘的系统型认知风格能对企业年报 MDA 可读性产生显著正向影响。此外，列（6）和列（7）表明，在分别加入 SOE 变量及其与 Persn_agree、Persn_respo 的交乘项后，原本不显著的 Persn_agree 项和 Persn_respo 项的系数分别变得显著为正和显著为负，表明董秘的宜人性和责任感能

表 6-9 异质性检验：基于公司产权性质

Panel A 董秘心理特征、产权性质与年报 MDA 文本可读性

	(1) Value_colle	(2) Value_norm	(3) Cogin	(4) Risk_averse	(5) Urpi	(6) Persn_agree	(7) Persn_respo	(8) Persn_open
PCBS × SOE	0.180 (0.23)	0.549 (0.68)	2.643** (2.55)	-0.569 (-0.79)	-0.123 (-0.18)	0.180 (0.22)	-0.474 (-0.78)	0.199 (0.27)
PCBS	-0.591* (-1.65)	0.701** (2.45)	0.120 (0.24)	-1.018** (-2.44)	0.437 (1.35)	0.921** (2.27)	-0.681** (-2.08)	0.400 (0.97)
SOE	0.884 (1.34)	-1.153 (-0.36)	-1.391 (-1.43)	1.124*** (2.80)	1.081*** (2.62)	1.032*** (2.64)	1.332** (2.57)	0.969** (2.37)
Constant	-10.807*** (-3.75)	-13.499*** (-4.32)	-11.113*** (-3.73)	-10.951*** (-3.81)	-11.148*** (-3.88)	-11.366*** (-3.95)	-10.005*** (-3.49)	-10.645*** (-3.71)
Controls	Yes	Yes	Yes	Yes	Yes	Yes	Yes	Yes
Industry	Yes	Yes	Yes	Yes	Yes	Yes	Yes	Yes
Obs.	1 315	1 315	1 315	1 315	1 315	1 315	1 315	1 315
R^2	0.196	0.199	0.197	0.200	0.195	0.197	0.199	0.195
Adj. R^2	0.163	0.166	0.165	0.167	0.162	0.165	0.167	0.162

续表

Panel B 董秘心理特征、产权性质与投资者互动平台回复率

	(1) Value_colle	(2) Value_norm	(3) Cogin	(4) Risk_averse	(5) Urpi	(6) Persn_agree	(7) Persn_respo	(8) Persn_open
PCBS×SOE	−0.030 (−1.09)	0.037 (1.15)	−0.089* (−1.76)	−0.091*** (−2.73)	−0.026 (−1.04)	−0.063** (−2.03)	0.046** (2.01)	0.021 (0.79)
PCBS	0.023* (1.66)	−0.002 (−0.13)	0.060*** (3.45)	0.048** (2.42)	0.001 (0.07)	−0.026 (−1.45)	0.038*** (2.89)	−0.051*** (−3.54)
SOE	0.011 (0.48)	−0.154 (−1.22)	0.067 (1.36)	0.003 (0.15)	−0.003 (−0.19)	−0.005 (−0.29)	−0.041** (−2.25)	−0.016 (−0.85)
Constant	0.898*** (8.48)	0.908*** (7.95)	0.788*** (6.80)	0.866*** (8.09)	0.906*** (8.51)	0.910*** (8.62)	0.851*** (7.96)	0.876*** (8.29)
Controls	Yes	Yes	Yes	Yes	Yes	Yes	Yes	Yes
Industry	Yes	Yes	Yes	Yes	Yes	Yes	Yes	Yes
Obs.	1 547	1 547	1 547	1 547	1 547	1 547	1 547	1 547
R^2	0.176	0.175	0.180	0.180	0.175	0.180	0.188	0.182
Adj. R^2	0.148	0.147	0.152	0.152	0.147	0.152	0.160	0.154

续表

Panel C 董秘心理特征、产权性质与ESG信息披露质量

	(1) Value_colle	(2) Value_norm	(3) Cogin	(4) Risk_averse	(5) Urpi	(6) Persn_agree	(7) Persn_respo	(8) Persn_open
PCBS×SOE	7.349*** (3.15)	0.451 (0.23)	−5.087* (−1.67)	1.867 (0.98)	−6.903*** (−4.06)	2.186 (0.85)	−4.795*** (−2.88)	2.124 (1.01)
PCBS	1.264 (1.08)	2.801*** (3.51)	3.653** (2.08)	−0.295 (−0.20)	4.917*** (5.48)	−2.210 (−1.35)	4.079*** (3.75)	−0.859 (−0.68)
SOE	−2.700 (−1.17)	0.571 (0.07)	6.897** (2.33)	2.153* (1.71)	5.111*** (4.71)	2.224* (1.90)	4.492*** (3.51)	1.860 (1.29)
Constant	−85.638*** (−9.16)	−92.327*** (−8.98)	−88.499*** (−8.07)	−82.160*** (−8.43)	−79.785*** (−8.57)	−82.935*** (−8.25)	−97.896*** (−8.73)	−82.795*** (−8.45)
Controls	Yes	Yes	Yes	Yes	Yes	Yes	Yes	Yes
Industry	Yes	Yes	Yes	Yes	Yes	Yes	Yes	Yes
Obs.	518	518	518	518	518	518	518	518
R^2	0.528	0.518	0.510	0.505	0.534	0.506	0.522	0.505
Adj. R^2	0.486	0.475	0.467	0.461	0.493	0.462	0.479	0.461

分别对企业年报 MDA 可读性产生显著正向和显著负向影响,但这些影响主要发生在非国企中,或者说主要由非国企样本驱动。而在董秘价值观、社会公理、风险态度、主动性人格、人格特质—开放性与年报 MDA 可读性的关系中,SOE 既没有加强也没有减弱主检验结果,SOE 均未产生调节效应,即这些心理特征的主检验结果在国有控股和非国有控股企业中无显著差异。

表 6-9 Panel B 列示了 SOE 对董秘心理特征与投资者互动平台回复率的异质性检验结果。列(3)和列(4)显示,交乘项 Cogin × SOE、Risk averse × SOE 的估计系数均显著为负,而 Cogin 项和 Risk averse 的系数仍与主检验中的显著正向结果一致,表明 SOE 显著弱化了主检验结果,说明在国有控股企业中,董秘认知风格、风险态度对投资者互动平台回复率的影响较小。列(6)显示,Persn_agree 与 SOE 的交乘系数显著为负,而 Persn_agree 项的系数仍与主检验中的负向结果一致,SOE 显著强化了主检验结果,且主检验中显著为负的结果主要来自国有控股企业,说明董秘的宜人性特征与回复率呈负相关关系这一现象主要发生在国有企业中,可能的原因是国有企业严苛的程序管理"淹没"了董秘的宜人性特征,导致董秘宜人性特征没有发挥出其应有的正向作用;列(7)显示,Persn_respo 与 SOE 的交乘系数则显著为正,一方面新增控制使得 Persn_respo 主检验结果为正,另一方面表明 SOE 显著强化了上述为正的主检验结果,说明责任感型董秘能够提升投资者互动平台回复率,但这一影响主要发生在国企中,原因可能是国有企业的环境更有利于个人责任感发挥作用。此外,列(1)表明,在新增 SOE 及其与 Value_colle 的交乘项后,Value_colle 项的系数显著为正,表明在非国企中,集体主义价值观会对企业的互动平台回复率产生正向影响。除上述心理特征外,SOE 在社会公理、主动性人格、人格特质—开放性与投资者

互动平台回复率的关系中,未产生调节作用。

表6-9 Panel C 列示了 SOE 对董秘心理特征与 ESG 信息披露质量的异质性检验结果。列(1)显示,Value_colle×SOE 的系数显著为正,而 Value_colle 项的系数仍与主检验中的正向结果一致,说明在国有控股企业中,董秘的集体主义价值观对 ESG 信息披露质量产生显著正向影响。列(3)、列(5)和列(7)显示,交乘项 Cogin×SOE、Urpi×SOE、Persn_respo×SOE 的估计系数均显著为负,SOE 显著弱化了主检验中为正的结果,说明在非国有企业中,董秘的系统型认知风格、主动性人格以及责任感与 ESG 信息披露质量是正相关关系,而在国有控股企业中,这一作用是负向的。除上述心理特征外,SOE 在社会公理、风险态度、人格特质(宜人性、开放性)与 ESG 信息披露质量的关系中,未产生调节作用。

总体而言,异质性检验结果表明,企业产权性质会对董秘个人心理特征与信息披露质量之间的影响关系产生一定的调节作用,其中负向调节作用居多,也即在制度和程序更为规范严格、"集体决策"特征明显的国企中,由于工作自主权的相对受限,董秘个人心理特征对信息披露质量的影响会趋于弱化。

6.5.2 基于信息披露决策独立性的异质性分析

根据高阶理论,工作自主权是高管特征与组织绩效之间影响关系的调节变量,即自主权增强了高管特征与组织绩效间的关系,自主权高的高管人员取向可以通过组织绩效得以反映,自主权低则较难反映。在问卷调查部分,本书设计了关于董秘在信息披露决策中的"独立性"程度的问题,以衡量董秘自身感知的决策自主权。本节以"董秘信息披露决策独立性"作为调节变量进一步开展异质性分析。理论上，本书预期检验结果应当与前述基于产权的异质性分析结果一致，但董秘自身感知的决策自主权可能与其实际拥有的决策自主权不一致，由此可能导致结果出现混杂。

表6-10 Panel A 列示了信披决策独立性（Disdep）对董秘心理特征与年报 MDA 文本可读性的异质性检验结果。列（2）显示，交乘项 Value-norm × Disdep 的系数显著为负，而 Value-norm 项的系数仍与主检验中的显著正向结果一致，表明 Disdep 显著弱化了主检验结果，说明持有社会公理—劳酬相宜观念的董秘，随着其信披决策自主权的增大，会降低强制性信息披露质量。列（4）和列（7）显示，交乘项 Risk averse × Disdep、Persn-respo × Disdep 的系数显著为正，而主检验结果为负，说明 Disdep 都弱化了主检验结果，表明对于风险厌恶型以及责任感型董秘，随着其信披决策自主权的增大，其所在公司信息披露质量下降的情况明显减弱。列（5）显示，Urpi × Disdep 系数显著为正，但 Urpi 系数为负，这改变了主检验中董秘主动性人格对强制性信息披露原本不显著的结果的方向和显著性，表明增加 Disdep 和交乘项后，有显著负向结果，但该结果主要发生在董秘信息披露决策独立性小的样本中。而列（8）中，Persn-open × Disdep 系数为负，而 Persn-open 系数变得显著为正，表明董秘决策独立性大时，开放性董秘对强制性信息披露质量有正向作用但并不显著。除上述心理特征外，董秘的价值观、认知风格、人格特质—宜人性与年报 MDA 文本可读性的关系中，Disdep 既没有加强也没有减弱主检验结果，没有起到调节效应。

表6-10 Panel B 列示了 Disdep 对董秘心理特征与互动平台回复率的异质性检验结果。列（2）和列（5）显示，Value-norm 与 Disdep、Urpi 与 Disdep 的交乘系数均显著为负，而 Value-norm 和 Urpi 的系数也变得显著为正和边际显著为正，说明董秘决策自主权越大，

表 6-10 异质性检验：基于董秘信披决策独立性

Panel A 董秘心理特征、信息披露决策独立性与年报 MDA 文本可读性

	(1) Value_colle	(2) Value_norm	(3) Cogin	(4) Risk_averse	(5) Urpi	(6) Persn_agree	(7) Persn_respo	(8) Persn_open
PCBS × Disdep	0.363 (0.81)	-0.807** (-2.24)	-0.194 (-0.37)	0.898** (1.97)	1.248*** (2.95)	-0.692 (-1.57)	0.877** (2.25)	-0.673 (-1.51)
PCBS	-2.091 (-1.09)	4.339*** (2.75)	1.363 (0.61)	-4.893** (-2.55)	-4.879*** (-2.62)	3.853** (2.06)	-4.461*** (-2.68)	3.276* (1.70)
Disdep	-0.524 (-1.30)	2.760** (2.02)	-0.065 (-0.13)	-0.398** (-1.96)	-0.656*** (-2.84)	-0.137 (-0.69)	-0.687** (-2.39)	-0.059 (-0.28)
Constant	-8.529*** (-2.58)	-25.730*** (-3.89)	-11.573*** (-3.25)	-8.879*** (-2.96)	-7.783** (-2.53)	-10.814*** (-3.60)	-6.659** (-2.12)	-10.051*** (-3.36)
Controls	Yes	Yes	Yes	Yes	Yes	Yes	Yes	Yes
Industry	Yes	Yes	Yes	Yes	Yes	Yes	Yes	Yes
Obs.	1 315	1 315	1 315	1 315	1 315	1 315	1 315	1 315
R^2	0.197	0.203	0.195	0.203	0.202	0.199	0.202	0.197
Adj. R^2	0.164	0.170	0.162	0.170	0.169	0.166	0.169	0.164

Panel B 董秘心理特征、信息披露决策独立性与投资者互动平台回复率

	(1) Value_colle	(2) Value_norm	(3) Cogin	(4) Risk_averse	(5) Urpi	(6) Persn_agree	(7) Persn_respo	(8) Persn_open
PCBS×Disdep	0.012 (0.68)	−0.033** (−2.34)	−0.023 (−1.16)	0.025 (1.07)	−0.029* (−1.77)	−0.015 (−0.74)	0.037** (2.45)	−0.036** (−1.98)
PCBS	−0.033 (−0.45)	0.143** (2.30)	0.140* (1.67)	−0.073 (−0.74)	0.116 (1.63)	0.022 (0.26)	−0.109* (−1.66)	0.105 (1.35)
Disdep	0.003 (0.21)	0.138*** (2.61)	0.032* (1.76)	0.010 (1.36)	0.022** (2.44)	0.014* (1.71)	−0.012 (−1.07)	0.020** (2.30)
Constant	0.882*** (6.72)	0.306 (1.20)	0.683*** (4.89)	0.857*** (7.62)	0.797*** (6.80)	0.855*** (7.58)	0.894*** (7.46)	0.804*** (7.15)
Controls	Yes	Yes	Yes	Yes	Yes	Yes	Yes	Yes
Industry	Yes	Yes	Yes	Yes	Yes	Yes	Yes	Yes
Obs.	1 547	1 547	1 547	1 547	1 547	1 547	1 547	1 547
R^2	0.177	0.179	0.180	0.179	0.178	0.180	0.190	0.185
Adj. R^2	0.149	0.150	0.152	0.150	0.149	0.151	0.162	0.157

续表

Panel C 董秘心理特征、信息披露决策独立性与 ESG 信息披露质量

	(1) Value_colle	(2) Value_norm	(3) Cogin	(4) Risk_averse	(5) Urpi	(6) Persn_agree	(7) Persn_respo	(8) Persn_open
PCBS × Disdep	-1.693 (-1.02)	0.098 (0.10)	-4.491*** (-3.06)	-3.385*** (-3.08)	0.685 (0.49)	-0.766 (-0.44)	-2.123* (-1.73)	1.893 (1.41)
PCBS	10.225 (1.50)	2.375 (0.61)	19.173*** (3.70)	14.353*** (3.31)	-0.020 (-0.00)	1.702 (0.23)	11.060** (2.19)	-7.845 (-1.43)
Disdep	2.062 (1.21)	0.049 (0.01)	4.550*** (3.09)	1.530** (2.22)	0.440 (0.59)	0.915 (1.32)	1.985** (2.21)	0.166 (0.21)
Constant	-93.986*** (-7.93)	-92.880*** (-4.21)	-107.777*** (-8.43)	-94.508*** (-8.33)	-87.499*** (-7.72)	-90.185*** (-7.23)	-99.183*** (-8.17)	-82.342*** (-7.17)
Controls	Yes	Yes	Yes	Yes	Yes	Yes	Yes	Yes
Industry	Yes	Yes	Yes	Yes	Yes	Yes	Yes	Yes
Obs.	518	518	518	518	518	518	518	518
R^2	0.519	0.519	0.516	0.513	0.517	0.507	0.517	0.508
Adj. R^2	0.475	0.475	0.472	0.468	0.474	0.463	0.473	0.463

持社会公理—劳酬相宜观点的董秘以及主动性人格得分高的董秘，其互动平台回复率更高；列（7）显示，Persn_respo 与 Disdep 的交乘系数显著为正，且 Persn_respo 系数变得显著为负，说明董秘决策自主权越大，责任感型董秘所在公司的其互动平台回复率会更低。列（8）显示，Persn-open 与 Disdep 的交乘系数显著为负，且 Persn-open 系数变得不显著，表明开放性董秘在其决策自主权越大时，所在公司互动平台 1 天内回复率更低。除上述心理特征外，Disdep 在价值观、认知风格、风险态度、人格特质—宜人性与互动平台回复率的关系中，未产生调节作用。

表 6-10 Panel C 列示了 Disdep 对董秘心理特征与 ESG 信息披露质量的异质性检验结果。其中，列（3）和列（7）显示，Cogin、Persn_respo 与 Disdep 的交乘项系数显著为负，Cogin、Persn_respo 系数也均为正，Disdep 显著弱化了 Cogin 和 Persn_respo 的原本为正的主检验结果，说明董秘决策自主权越大，其系统型认知风格和责任感与 ESG 信息披露质量呈负向关系；列（4）显示，Risk averse 与 Disdep 的交乘项系数显著为负，且 Risk averse 系数变得显著为正，而主检验中 Risk averse 对 ESG 信息披露质量没有显著关系，说明在董秘信披自主权较大时，Risk averse 对 ESG 信息披露质量的影响有明显正向作用。在价值观、社会公理、主动性人格、人格特质（宜人性、开放性）与 ESG 信息披露质量的关系中，未产生调节作用。

该部分的异质性检验结果表明，董秘个人信息披露决策的独立性会对董秘心理特征与信息披露质量的影响关系产生一定的调节作用，并且这种调节作用既有负向，也有正向。综合来看，这些调节效应的结果方向比较模糊，与本书的预测推理一致，也即董秘自身感知的信息披露决策独立性存在一定的主观性，可能与实际不符。此外，本书的研究发现，随着决策独立性的加大，责任感型董秘弱化了其所在公司的文本可读性、互动平台回复率以及 ESG 信息披露质量，可能的原因是如研究假设部分所分析的，"过高的责任心可能会成为保守或忠于规则的官僚分子"，产生了"物极必反"的效应。

第 7 章

结论与展望

7.1 主要研究结论

基于信息披露之于资本市场的特殊重要性以及董事会秘书之于 A 股上市公司的特殊重要性,本书立足"全面实施注册制"和"建设以投资者为本的资本市场"时代背景,以高阶理论、信息论和信息加工理论为基础,通过问卷调研、深度访谈和实证分析三方面展开研究。本书研究结果由两部分组成:一是问卷与访谈结果,二是基于问卷数据的回归分析结果。

7.1.1 问卷与访谈结论

本问卷调查了董秘职群的人口统计学背景、心理特征、履职环境以及他们对信息披露工作的观点与实践,得出如下主要结论:

(1) 董秘职群特征:整体而言,A 股上市公司董秘职业化程度较高,是公司治理的关键角色。其群体特征表现为:学历层次高,多具有财务、经济、管理等专业背景和过往经历;年龄在 40~50 岁年富力强的职场人士是董秘职群的中坚力量;多数董秘在公司内兼任要职，地位特殊、重要；具备较高工作自主权和独立性，且作为公司内外沟通的窗口和桥梁，积极传递监管精神并维护投资者关系。

（2）心理特征与职业态度：多数董秘持集体主义价值观和系统性认知风格，风险态度中性，具有较强责任感；重视个人声誉，工作满意度高，对工作意义、工作能力和影响力的自我认可度高，整体呈现积极向上的职业风貌。

（3）信息披露实践：董秘们将信息披露与投资者关系管理视为核心职责，强调沟通能力与学习能力的重要性。各层面影响信息披露质量的关键因素分别为：专业背景（个人层面）、董事长或实控人支持（公司内部）及监管要求（外部环境）。

（4）ESG信息披露：董秘团队是ESG披露的主要推动者，董事长与实控人是最重要的利益相关方，提升品牌与声誉是公司披露ESG信息的首要动机。

（5）实务视角的增量贡献：资深董秘的访谈进一步指出，数字化工具可提升信息披露质量、部门协同可优化信息获取机制，同时需关注国资委考核权重、全球化投资者的信息需求及信息披露对行业发展的引领作用。这些观点补充了现有文献对信息披露影响因素与经济后果的讨论。

7.1.2 实证研究结论

本书基于"强制性—半强制性—自愿性"信息披露框架，聚焦年报文本可读性、投资者互动平台披露质量和ESG信息披露质量，实证检验了董秘个人心理特征与信息披露质量的影响关系，得到如下结论：

（1）董事会秘书的个人特征对所在公司信息披露质量有显著影

响。年报文本可读性，受董秘的价值观、社会公理及风险态度影响显著；投资者互动平台回复率，主要受董秘的认知风格、风险态度以及人格特质（宜人性、开放性）影响；ESG 信息披露质量则与董秘的价值观、社会公理、认知风格、主动性人格以及人格特质（宜人性、责任感、开放性）显著相关。

（2）董秘个人特征对信息披露质量的影响强度存在梯度差异。董秘特征对自愿性信息披露（如 ESG）的影响显著强于半强制性与强制性披露，原因可能在于自愿性披露赋予决策者更高的自主裁量空间，故个人特征更易通过行为影响结果。

（3）异质性检验发现，董秘心理特征对信息披露质量的影响存在产权性质和信息披露决策独立性的异质性差异。相较于国有控股企业，非国有企业中董秘特征对信披质量的影响更为显著；信息披露决策独立性对心理特征与信披质量的关系具有调节作用，但在不同心理特征与信息披露质量影响关系中的作用并不完全一致，既有负向的也有正向的。

以上研究结论表明，选择合适的董事会秘书对提升上市公司信息披露质量以及资本市场高质量发展具有重要意义。研究结论对丰富高管特征经济后果以及信息披露影响因素等具有一定理论意义；同时，对于现实中投资者甄别上市公司、董秘提升履职能力、上市公司与董秘"双向选择"以及资本市场优化信息披露制度和监管实践也有较为重要的实践意义。

7.2　政策建议

基于前述分析和研究结论，结合本书作者的实践经验，提出政策建议如下：

（1）优化信披考核机制。在"以投资者为本"大背景下，建议监管部门在现有上市公司信息披露考核体系基础上，增加文本可读性、互动平台回复质量、ESG披露等量化指标，并引入投资者与利益相关方反馈权重；公开考核方法与过程，提升考核透明度。

（2）聚焦信披本质考核。监管部门对上市公司的信息披露考核应聚焦信息披露本质，对信息披露保持客观、中立立场，避免将公司经营绩效（如业绩下滑、投资回报等）与信披质量直接挂钩，防止企业为获得更优秀的评级而迎合监管喜好，选择性披露或隐瞒负面信息，确保考核客观性。

（3）厘清董秘权责边界。董事会秘书是公司内部专业的信息披露和治理专家、"内部投行家"，得到公司实控人的信任和董事会、管理层的配合。政策制定部门、监管机构、上市公司应抓住"董事会秘书"这个关键、核心、专业且极富中国特色的治理角色，将董秘作为监管精神落地的核心抓手和行使监管权力的"左膀右臂"，发挥其在公司治理中的专业优势；同时，建立和完善权责边界清晰、赏罚分明的董秘履职保障和声誉评价机制，避免界限不清的无限连带追责引发"寒蝉效应"导致董秘职群逆向选择、劣币驱逐良币。

（4）推进董秘职业化建设。加快职业化董秘队伍培养和建设，通过系统化培训提升董秘职群的专业能力和职业素养，对于传递监管精神、弘扬和培养"以投资者为本"的上市公司治理文化和股东文化、助力资本市场高质量发展，或将起到"四两拨千斤"的杠杆作用。

7.3　研究局限与展望

7.3.1　研究局限

由于条件和能力所限，本书研究仍存在诸多局限，有待后续研究补充和完善。

（1）问卷和访谈设计的局限。由于在问卷和访谈设计阶段对信息披露质量的测度考虑欠全面，故未能在问卷中设计与文本可读性、互动平台回复以及自愿性信息披露等有关实践做法方面的问题，导致这部分内容只有理论分析，缺少问卷数据支撑，在"丰富信息披露实践文献"贡献方面留下缺憾。

（2）信息披露质量测量的局限。WinGo财经文本数据库关于文本可读性的测度指标除了本书所使用的年报MDA可读性和年报整体可读性外，还有同行业相似性、与本公司上年相似性以及专业词、副连词、常见词密度等系列指标，限于篇幅及为便于分析，本书对其他系列指标未予选用，也未进一步构建其他可能更科学的可读性测量指标；而关于互动性信息披露质量的测度采用互动平台的回复率，该指标与董秘特征关联度欠强，更应考虑回复实质性、充分性等内容维度指标。

（3）信息披露分类依据的局限。对信息披露质量从强制性、半强制性、自愿性三个维度进行分类，分类依据可能欠充分：虽然定期报告属于强制性信息披露，但有研究认为"管理层讨论与分析"的内容披露到什么程度可能是自愿行为；对互动平台信息披露属于半强制性还是自愿性信息披露也有待商榷。本书作者按自身实务工作经验对信息披露类型进行上述分类，在理论依据方面有一定局限，尚有进一步论证的空间。

（4）变量过多导致研究深度不够的局限。本书自变量有6个心理特征、因变量有3个信息披露质量的代理变量，导致数据结果庞杂，由此带来未能聚焦核心问题进行深入研究，实证检验部分可能"泛而不精"。

（5）实证研究未进一步开展机制检验的局限。同样，由于如前所述的原因，尽管本研究还通过问卷取得了董秘声誉、沟通能力、工作满意度、心理授权等可能起到中介或调节效应的变量数据，但因时间和篇幅原因，实难抽丝剥茧进一步开展机制检验；异质性检验也仅选取两个指标简单论证，留下进一步研究的空间。

7.3.2 研究展望

针对上述局限以及调研访谈中所受启发，考虑后续可以尝试的研究方向有：

（1）深化变量研究。选取有代表性的董秘心理特征变量，就文本可读性、ESG信息披露质量等展开进一步深入研究，如构建更科学合理的文本可读性指标、信披有效性、信息阅读量和传播类指标等进行可读性研究；进一步，可深入信息披露的实质内容和信息价值层面进行探讨，对董秘心理特征与定期报告和互动平台回复的实质性、价值性内容展开研究；另外，尝试探究心理特征以及其他特征变量对信息披露质量的影响机制。

（2）拓展ESG研究。本书研究结果表明，董秘特征与ESG信息披露质量影响关系结果尤为显著，而关于ESG信息披露的"前因"和"后果"是当前理论和实务界热切关心的问题,未来研究可重点关注其影响机制,也可结合问卷就外部监管因素、内部高管团队特征、企业数字化与信息化程度等"前因"展开进一步探讨。

(3)追踪调研和延伸研究。在现有问卷数据基础上,持续跟踪调研董秘职群,通过调研访谈补充和完善董秘观测样本,进一步采集心理特征与履职环境数据,沿"董秘心理特征—信息披露质量—资本市场反应"路径,开展董秘心理特征与投资者关系、股价波动、公司市值、股票流动性等其他经济后果方面的研究。

(4)探索信息披露理论研究新维度。将传统信息披露研究拓展至"价值创造"维度,围绕信息披露"监管合规—市场价值—品牌塑造—行业引领"多重价值创造体系,探索未来信息披露从"合规成本中心"向"价值创造中心"转型的可行性,为上市公司重构信息披露战略提供理论支撑,为学术界关注的信息披露经济后果研究提供新视角。

参考文献

[1] 巴曙松,柴宏蕊,赵文耀,等.资本市场开放与企业环境、社会及治理信息披露质量[J].当代财经,2023(7):56-68.

[2] 卜君,孙光国.董事会秘书身份定位与职责履行:基于信息披露质量的经验数据[J].会计研究,2018(12):26-33.

[3] 卜君.董秘变更与信息披露质量[J].会计研究,2022(1):9-28.

[4] 蔡荣江.环境信息披露质量对上市公司企业价值的影响——基于年报文本特征[J].国际会计前沿,2024,13(2):145-158.

[5] 程新生,赵旸.权威董事专业性、高管激励与创新活跃度研究[J].管理科学学报,2019(3):40-52.

[6] 程小可,孙乾.董秘任期与信息披露质量[J].经济管理,2020(12):113-131.

[7] 陈伟民.高管团队兼职行为与企业业绩关系研究[J].湖北经济学院学报,2007(9):95-99.

[8] 陈华,孙汉,沈胤鸿.交易所网络平台互动能缓解股价崩盘风险吗?——基于管理层回复质量的异质性角度[J].上海财经大学学报,2022(3):92-107.

[9] 陈华,孙汉,沈胤鸿.多说有益还是无益?交易所网络平

台互动与审计师定价策略［J］.财经论丛，2023（4）：80 - 90.

［10］陈守明，盛超，卜苗.高管认知、激励、资源与企业创新活动［J］.科技管理研究，2015（2）：86 - 92.

［11］陈华敏，陈政，廖涵平，等.上市公司信息披露——发展实践与制度建设［M］.北京：中国财政经济出版社，2022.

［12］陈莹，刘乐怡.高管风险偏好与企业创新——基于中国证监会问卷调查的分析［J］.现代管理，2022，12（12）：1684 - 1693.

［13］崔明明，苏屹，李丹.跨界行为对员工任务绩效的影响——基于价值观的多元调节作用［J］.经济管理，2018（8）：72 - 88.

［14］段锦云，聂雪林，简丹丹，等.社会公理研究现状与展望［J］.心理学探新，2009（4）：19 - 22.

［15］窦笑晨.高管长期任职能增加公司的创新投资吗？——基于董事长视角的经验证据［J］.学术研究，2019（5）：50 - 55.

［16］方军雄，向晓曦.外部监管、制度环境与信息披露质量——基于中小企业板上市公司的证据［J］.证券市场导报，2009（11）：58 - 63.

［17］高强，伍利娜.兼任董秘能提高信息披露质量吗？——对拟修订《上市规则》关于董秘任职资格新要求的实证检验［J］.会计研究，2008（1）：47 - 54.

［18］高凤莲，王志强."董秘"社会资本对信息披露质量的影响研究［J］.南开管理评论，2015（4）：60 - 71.

［19］郭媛丽.上市公司高管学术经历对信息披露质量影响研究［J］.财会通讯，2022（14）：45 - 49.

［20］郭晓薇.儒家价值观与生产偏差：工作满意度的中介效

应[J]. 经济管理, 2011 (5): 103-109.

[21] 何威风, 刘启亮. 我国上市公司高管背景特征与财务重述行为研究[J]. 管理世界, 2010 (7): 144-155.

[22] 何太明, 李亦普, 王峥, 等. ESG评级分歧提高了上市公司自愿性信息披露吗?[J]. 经济与管理科学, 2023 (3): 54-70.

[23] 洪金明. 上市公司信息披露质量的经济后果——基于投资者保护的视角[M]. 北京: 中国财政经济出版社, 2021.

[24] 黄江东, 施蕾. 证券法治新图景——新《证券法》下的监管与处罚[M]. 北京: 法律出版社, 2022.

[25] 姜付秀, 石贝贝, 马云飙. 董秘财务经历与盈余信息含量[J]. 管理世界, 2016 (9): 161-173.

[26] 姜付秀, 伊志宏, 苏飞, 等. 管理者背景特征与企业过度投资行为[J]. 管理世界, 2009 (1): 130-139.

[27] 姜宾. 自愿性信息披露、分析师关注与融资约束[J]. 财会研究, 2023 (7): 41-47.

[28] 贾宁, 文武康. 上市公司董事会秘书有价值吗?——基于市值管理的视角[J]. 中国会计评论, 2016 (9): 421-440.

[29] 金盛华, 李玲, 车宏生, 等. 中国人价值观特点及其与社会主义核心价值观的契合性[J]. 心理科学, 2019, 42 (3): 722-730.

[30] 李超平, 李晓轩, 时勘, 等. 授权的测量及其与员工工作态度的关系[J]. 心理学报, 2006, 38 (1): 99-106.

[31] 李国运. 美国资本市场信息披露制度监管体系研究[J]. 财会通讯学术版, 2007 (6): 22-25.

[32] 李小青, 孙银风. CEO认知特征对企业技术创新影响研究——基于我国高科技行业上市公司的经验数据[J]. 科技进步与

对策, 2013 (11): 141-145.

[33] 李小青, 胡朝霞. 科技创新企业董事会认知特征对技术创新动态能力的影响研究 [J]. 管理学报, 2016 (2): 248-257.

[34] 李小荣, 刘行. CEO VS CFO: 性别与股价崩盘风险 [J]. 世界经济, 2012 (12): 102-129.

[35] 李春涛, 刘贝贝, 周鹏. 卖空与信息披露: 融券准自然实验的证据 [J]. 金融研究, 2017 (9): 130-145.

[36] 李姝, 余媚, 柴明洋. 董秘持股有助于提升信息披露质量吗？——来自中国资本市场的经验证据 [J]. 财务研究, 2019 (4): 84-96.

[37] 李玲, 金盛华. Schwartz价值观理论的发展历程与最新进展 [J]. 心理科学, 2016, 39 (1): 191-199.

[38] 李世辉, 卿水娟, 贺勇, 等. 审计收费、CEO风险偏好与企业违规 [J]. 审计研究, 2021 (3): 84-95.

[39] 林长泉, 毛新述, 刘凯璇. 董秘性别与信息披露质量——来自沪深A股市场的经验数据 [J]. 金融研究, 2016 (9): 193-206.

[40] 刘爱民, 徐华友. 管理者风险偏好对上市公司商誉减值的影响研究 [J]. 南方金融, 2021 (5): 56-67.

[41] 刘佟, 李强. 独立董事兼职、高管权力与环境信息披露质量 [J]. 企业经济, 2016 (10): 85-91.

[42] 刘彬. 审计委员会特征对信息披露质量的影响研究——基于投资者保护视角 [J]. 审计与经济研究, 2014 (1): 39-47.

[43] 罗春华, 唐建新, 王宇生. 注册会计师个人特征与会计信息稳健性研究 [J]. 审计研究, 2014 (1): 71-78.

[44] 卢强, 江宇, 王玉. 高管团队经验对数字化创新的影

响——基于高层梯队理论的解释 [J]. 河北经贸大学学报, 2024 (7): 96-108.

[45] 马美婷, 吴小节, 汪秀琼. 高管团队技术印记与企业绿色双元创新——环境注意力的中介作用 [J]. 系统管理学报, 2023 (9): 976-994.

[46] 毛新述, 王斌, 林长泉, 等. 信息发布者与资本市场效率 [J]. 经济研究, 2013 (10): 69-81.

[47] 全怡, 周聪, 鲍镕江, 等. 财务背景董秘能否减少监管问询?——基于交易所年报问询函的经验数据 [J]. 会计研究, 2022 (10): 58-70.

[48] 孙文章. 董事会秘书声誉与信息披露可读性——基于沪深A股公司年报文本挖掘的证据 [J]. 经济管理, 2019 (7): 136-153.

[49] 孙文章. 信息发布者会计背景有助于提高信息可读性吗?——基于董秘个人特征的数据 [J]. 经济管理, 2021 (9): 154-171.

[50] 田昆儒, 许绍双. 公司特征与信息披露质量研究: 国外文献述评 [J]. 审计与经济研究, 2010 (3): 70-76.

[51] 谭松涛, 阚铄, 崔小勇. 互联网沟通能够改善市场信息效率吗?——基于深交所"互动易"网络平台的研究 [J]. 金融研究, 2016 (3): 174-188.

[52] 王重鸣. 心理学研究方法 [M]. 北京: 人民教育出版社, 2001.

[53] 王从容, 李宁. 法学视角下的证券市场信息披露制度若干问题的分析 [J]. 金融研究, 2009 (3): 178-190.

[54] 王生年, 尤明渊. 管理层薪酬激励能提高信息披露质量

吗？[J]. 审计与经济研究，2015（4）：22-29.

[55] 王雄元，刘焱. 产品市场竞争与信息披露质量的实证研究[J]. 经济科学，2008（1）：92-103.

[56] 王浩，向显湖，许毅. 高管经验、高管持股与公司业绩预告行为[J]. 现代财经，2015（9）：52-66.

[57] 王元芳，徐业坤. 高管从军经历影响公司治理吗？——来自中国上市公司的经验证[J]. 管理评论，2020（1）：153-165.

[58] 王小鹏，史陈菲. 注册制下自愿性信息披露质量研究——基于科创板2019—2021年的经验数据[J]. 会计之友，2024（2）：22-71.

[59] 汪芸倩，王永海. CFO兼任董秘可以提高会计信息质量吗？[J]. 会计研究，2019（8）：32-39.

[60] 吴雅琴，王梅. 高管个人特征对会计信息披露质量的影响——基于信息技术业上市公司的实证研究[J]. 会计之友，2018（11）：63-67.

[61] 辛杰，吴创. 企业家文化价值观对企业社会责任的影响机制研究[J]. 中南财经政法大学学报，2015（1）：105-115.

[62] 向阳，徐良果，王勇军. 官员更替、任职期限与企业过度投资[J]. 投资研究，2014（8）：43-60.

[63] 向锐，徐玉茹. 董事会秘书背景特征与分析师关注度——基于中国上市公司的经验证据[J]. 兰州大学学报，2019（12）：39-53.

[64] 肖钢. 中国资本市场变革[M]. 北京：中信出版集团，2020.

[65] 肖万，林冰儿，郭思圻. CFO兼任董秘会抑制企业盈余管

理吗？——基于声誉理论视角．[J]．华东经济管理，2022（1）：119－128．

[66] 徐泽林，林雨晨，高岭．董秘努力工作重要吗？——基于深市公司投资者关系互动的证据[J]．证券市场导报，2021（6）：34－42．

[67] 徐巍，姚振晔，陈冬华．中文年报可读性：衡量与检验[J]．会计研究，2021（3）：28－44．

[68] 徐巍，姚文韵，尤梦颖．发审委员个人特征影响发审质量吗[J]．会计研究，2022（5）：92－104．

[69] 许罡．企业社会责任履行抑制商誉泡沫吗？[J]．审计与经济研究，2020（1）：90－99．

[70] 薛婷，陈浩，乐国安，等．社会认同对集体行动的作用：群体情绪与效能路径[J]．心理学报，2013，45（8）：899－920．

[71] 杨郊红．美国上市公司信息披露制度的变迁与启示[J]．证券市场导报，2005（4）：48－51．

[72] 杨湘怡．企业中层管理者胜任力模型研究[D]．上海：复旦大学，2007．

[73] 杨红，杨淑娥．信息披露质量界定与测度研究综述[J]．统计与决策，2007（6）：112－114．

[74] 杨海燕，韦德洪，孙健．机构投资者持股能提高上市公司会计信息质量吗？——兼论不同类型机构投资者的差异[J]．会计研究，2012（9）：16－23．

[75] 伊志宏，姜付秀，秦义虎．产品市场竞争、公司治理与信息披露质量[J]．管理世界，2010（1）：133－141．

[76] 叶琼燕，于忠泊．审计师个人特征与审计质量[J]．山西财经大学学报，2011（2）：117－124．

[77] 于鸿,李睿.我国自愿性信息披露法律制度研究[J].法制博览,2023(11):129-131.

[78] 张国清,肖华.高管特征与公司环境信息披露——基于制度理论的经验研究[J].厦门大学学报(哲学社会科学版),2016(4):84-95.

[79] 张英明,徐晨.经营期望落差、内外部监督与MD&A文本信息披露特征[J].财会通讯,2022(8):70-75.

[80] 张敏,李安琪,武永亮.财务与会计领域的文本可读性研究:述评与展望[J].财会月刊,2024(4):48-55.

[81] 张敏,邓希文.基于动机的人类基础价值观理论研究——Schwartz价值观理论和研究述评[J].宁波大学学报(教育科学版),2012(1):32-38.

[82] 张志红,宋艺,王楠.信息披露频率对非专业投资者盈利预测影响的实验研究[J].会计研究,2018(2):34-40.

[83] 张新民,金瑛,刘思义,等.互动式信息披露与融资环境优化[J].中国软科学,2021(12):101-113.

[84] 张兴贵,熊懿.工作与组织情境中的人格研究:回顾与展望[J].心理科学,2012,35(2):424-429.

[85] 张译文.数字化转型、高管风险偏好与企业绿色技术创新[J].商业会计,2024(14):100-103.

[86] 赵杨,赵泽明.互动式信息披露:文献回顾与研究展望[J].科学决策,2018(11):74-94.

[87] 赵婧潞,林子昂,张超敏.ESG报告可读性与ESG评级分歧[J].证券市场导报,2024(12):68-77.

[88] 郑丽,房康,王媛媛.双重绩效反馈不一致与企业ESG信息披露质量的关系研究[J].研究与发展管理,2024(2):53-65.

[89] 郑晓瑜,刘俊晗. 信号还是噪声?——基于上市公司年报文本变动的研究[J]. 投资研究,2022(4):70-90.

[90] 翟胜宝,程妍婷. 银行关联与企业 ESG 信息披露质量[J]. 商业会计,2023(15):4-15.

[91] 翟胜宝,程妍婷,许浩然,等. 媒体关注与企业 ESG 信息披露质量[J]. 会计研究,2022(8):59-71.

[92] 曾斌,金祥慧. 强责任时代:新证券法的上市公司监管与治理[M]. 北京:中国法制出版社,2022.

[93] 周晓东. 基于企业高管认知的企业战略变革研究[D]. 杭州:浙江大学,2006.

[94] 周友苏,杨照鑫. 注册制改革背景下我国股票发行信息披露制度的反思与重构[J]. 经济体制改革,2015(1):146-150.

[95] 周开国,李涛,张燕. 董事会秘书与信息披露质量[J]. 金融研究,2011(7):167-181.

[96] 周建,王顺昊,张双鹏. 董秘信息提供、独立董事履职有效性与公司绩效[J]. 管理科学,2018(5):97-116.

[97] 周中胜,陈汉文. 会计信息透明度与资源配置效率[J]. 会计研究,2008(12):56-62.

[98] 朱荣,赵友业,孙嫚. 审计委员会履职能力与 ESG 信息披露质量[J]. 会计之友,2023(18):28-37.

[99] Agle, B. R., Mitchell, R. K., & Sonnenfeld, J. A. (1999). Who Matters to CEOs? An Investigation of Stakeholder Attributes and Salience, Corporate Performance, and CEO Values. Academy of Management Journal, 42(5):507-525.

[100] Aghamolla C, Smith K. (2023). Strategic complexity in disclosure. Journal of Accounting and Economics, 76(2-3):101635.

[101] Ascioglu, A., Hegde, S. P., Krishnan, G. V., & McDermott, J. B. (2012). Earnings management and market liquidity. Review of Quantitative Finance and Accounting, 38 (2): 257 – 274.

[102] Ahmed, A. S., & Duellman, S. (2013). Managerial overconfidence and accounting conservatism. Journal of Accounting Research, 51 (1): 1 – 30.

[103] Akerlof, G. A. (1970). The Market for "Lemons": Quality Uncertainty and the Market Mechanism. The Quarterly Journal of Economics, 84 (3): 488 – 500.

[104] Allinson, C. W., & Hayes, J. (1996). The Cognitive Style Index: A Measure of Intuition – Analysis For Organizational Research. Journal of Management Studies, 33 (1): 119 – 135.

[105] Bamber, L. S., John (Xuefeng) Jiang, & Wang, I. Y. (2010). What's My Style? The Influence of Top Managers on Voluntary Corporate Financial Disclosure. The Accounting Review, 85 (4): 1131 – 1162.

[106] Bantel, K. A., & Jackson, S. E. (1989). Top management and innovations in banking: Does the composition of the top team make a difference? Strategic Management Journal, 10 (S1): 107 – 124.

[107] Barrick, M. R., & Mount, M. K. (1991). The Big Five Personality Dimensions and Job Performance: A Meta-analysis. Personnel Psychology, 44 (1): 1 – 26.

[108] Barry, B., & Stewart, G. L. (1997). Composition, process, and performance in self-managed groups: The role of personality. Journal of Applied Psychology, 82: 62 – 78.

[109] Bateman, T. S., & Crant, J. M. (1993). The proactive

component of organizational behavior: A measure and correlates. Journal of Organizational Behavior, 14 (2): 103 – 118.

[110] Bond, M. H., Leung, K., Au, A., Tong, K. -K., & Chemonges – Nielson, Z. (2004). Combining social axioms with values in predicting social behaviours. European Journal of Personality, 18 (3): 177 – 191.

[111] Brown, L. D., Call, A. C., Clement, M. B., & Sharp, N. Y. (2019). Managing the narrative: Investor relations officers and corporate disclosure. Journal of Accounting & Economics, 67 (1): 58 – 79.

[112] Byme, B. M. (1998). Structural equation modeling with LISREL, PRELIS, and SIMPLIS: Basic concepts, application, and programming. Mahwash, NJ: Lawarence Erlbaum Associates.

[113] Cheung, W. Y., Luke, M. A., & Maio, G. R. (2014). On attitudes towards humanity and climate change: The effects of humanity esteem and self-transcendence values on environmental concerns. European Journal of Social Psychology, 44 (5): 496 – 506.

[114] Christensen, D. M., Serafeim, G., & Sikochi, A. (2022). Why is Corporate Virtue in the Eye of The Beholder? The Case of ESG Ratings. The Accounting Review, 97 (1): 147 – 175.

[115] Cobb – Clark, D. A., & Schurer, S. (2012). The stability of big-five personality traits. Economics Letters, 115 (1): 11 – 15.

[116] Courtis, J. K. (1995). Readability of annual reports: Western versus Asian evidence. Accounting, Auditing, & Accountability, 8 (2): 4 – 17.

[117] Crant, J. M. (2000). Proactive Behavior in Organizations. Journal of Management, 26 (3): 435 – 462.

[118] Davidson, R. H., Dey, A., & Smith, A. J. (2019). CEO Materialism and Corporate Social Responsibility. The Accounting Review, 94 (1): 101 – 126.

[119] Donnellan, M. B., Oswald, F. L., Baird, B. M., & Lucas, R. E. (2006). The Mini – IPIP scales: Tiny-yet-effective measures of the Big Five factors of personality. Psychological Assessment, 18 (2): 192 – 203.

[120] Fornell, C., & Larcker, D. F. (1981). Structural Equation Models with Unobservable Variables and Measurement Error: Algebra and Statistics. Journal of Marketing Research, 18 (3): 382 – 388.

[121] Fu, Kennedy, J., Tata, J., Yukl, G., Bond, M. H., Peng, T. – K., Srinivas, E. S., Howell, J. P., Prieto, L., Koopman, P., Boonstra, J. J., Pasa, S., Lacassagne, M. – F., Higashide, H., & Cheosakul, A. (2004). The Impact of Societal Cultural Values and Individual Social Beliefs on the Perceived Effectiveness of Managerial Influence Strategies: A Meso Approach. Journal of International Business Studies, 35 (4): 284 – 305.

[122] Fu, P. P., Tsui, A. S., Liu, J., & Li, L. (2010). Pursuit of Whose Happiness? Executive Leaders' Transformational Behaviors and Personal Values. Administrative Science Quarterly, 55 (2): 222 – 254.

[123] Goldberg, L. R. (1990). An Alternative "Description of Personality": The Big – Five Factor Structure. Journal of Personality and Social Psychology, 59 (6): 1216 – 1229.

[124] Green, K, E. (1985). Cognitive Style: A Renew of the Literature. Technical Repon. Johnson O', Chicago, lL Human Engineer-

ing Lab.

［125］Hair J. F. Black W. C. Babin B. J. （2006）. Multivariate Data Analysis ［M］. Upper Saddle River： NJ： Pearson Prentice Hall.

［126］Ham, C. , Lang, M. , Seybert, N. , & Wang, S. (2017). CFO Narcissism and Financial Reporting Quality. Journal of Accounting Research, 55 (5)： 1089 – 1135.

［127］Hambrick, D. C. , & Mason, P. A. （1984）. Upper echelons： the organization as a reflection of its top managers. The Academy of Management Review, 9 (2)： 193 – 206.

［128］Hanlon, M. , Yeung, K. , & Zuo, L. （2022）. Behavioral Economics of Accounting： A Review of Archival Research on Individual Decision Makers. Contemporary Accounting Research, 39 (2)： 1150 – 1214.

［129］Hayes, J. , & Allinson, C. W. （1994）. Cognitive Style and its Relevance for Management Practice. British Journal of Management, 5 (1)： 53 – 71.

［130］Healy, P. M. , & Palepu, K. G. （2001）. Information asymmetry, corporate disclosure, and the capital markets： A review of the empirical disclosure literature. Journal of Accounting & Economics, 31 (1)： 405 – 440.

［131］Hu, J. , Long, W. , Tian, G. G. , & Yao, D. (Troy). (2020). CEOs' experience of the Great Chinese Famine and accounting conservatism. Journal of Business Finance & Accounting, 47 (9 – 10)： 1089 – 1112.

［132］Jensen, M. C. , & Meckling, W. H. （1976）. Theory of the firm： Managerial behavior, agency costs and ownership structure.

Journal of Financial Economics, 3 (4): 305 – 360.

[133] Jiang, Z., Peng, C., & Yan, H. (2024). Personality differences and investment decision-making. Journal of Financial Economics, 153, 103776 –.

[134] Judge, T. A., Locke, E. A., Durham, C. C., & Kluger, A. N. (1998). Dispositional Effects on Job and Life Satisfaction: The Role of Core Evaluations. Journal of Applied Psychology, 83 (1): 17 – 34.

[135] Judge, T. A., Heller, D., Mount, M. K., & Murphy, K. R. (2002). Five – Factor Model of Personality and Job Satisfaction: A Meta – Analysis. Journal of Applied Psychology, 87 (3): 530 – 541.

[136] Kerlinger, F. (1986). Foundations of behavioral research (3rd ed.). New York: Holt, Rinehart, Winston.

[137] Kluckhohn, C. (1951). Values and value-orientations in the theory of action: An exploration in definition and classification [M]. Cambridge, MA: Harvard University Press: 388 – 433.

[138] Kurman, J., & Ronen – Eilon, C. (2004). Lack of Knowledge of a Culture's Social Axioms and Adaptation Difficulties among Immigrants. Journal of Cross – Cultural Psychology, 35 (2): 192 – 208.

[139] Leung, K., Bond, M. H., de Carrasquel, S. R., Muñoz, C., Hernández, M., Murakami, F., Yamaguchi, S., Bierbrauer, G., & Singelis, T. M. (2002). Social Axioms: The Search for Universal Dimensions of General Beliefs about How the World Functions. Journal of Cross – Cultural Psychology, 33 (3): 286 – 302.

[140] Li, F. (2008). Annual report readability, current earnings, and earnings persistence. Journal of Accounting & Economics, 45

(2): 221-247.

[141] Li, W. -D., Fay, D., Frese, M., Harms, P. D., Gao, X. Y., & Kozlowski, S. W. J. (2014). Reciprocal Relationship Between Proactive Personality and Work Characteristics: A Latent Change Score Approach. Journal of Applied Psychology, 99 (5): 948-965.

[142] Li, Z., Sang, Z., Wang, L., & Shi, Z. (2012). The Mini—IPIP Scale: Psychometric Features and Relations with PTSD Symptoms of Chinese Earthquake Survivors. Psychological Reports, 111 (2): 641-651.

[143] Li, X., Lou, Y., & Zhang, L. (2024). Do Commercial Ties Influence ESG Ratings? Evidence from Moody's and S&P. Journal of Accounting Research, 62 (5): 1901-1940.

[144] Malmendier, U., & Tate, G. (2005). CEO Overconfidence and Corporate Investment. The Journal of Finance (New York), 60 (6): 2661-2700.

[145] Messick, S. (1984). The Nature of Cognitive Styles: Problems and Promise in Educational Practice, Educational Psychologist, 19, pp. 59-74.

[146] Matsumoto, D., Pronk, M., & Roelofsen, E. (2011). What Makes Conference Calls Useful? The Information Content of Managers' Presentations and Analysts' Discussion Sessions. The Accounting Review, 86 (4): 1383-1414.

[147] Mintzberg, H. (1976). Planning on the left side and managing on the right. Haruard Business Review, July-August, 49-58.

[148] Nutt, P. C. (1986). Decision style and strategic decisions of top executives. Technological Forecasting & Social Change, 30 (1):

39 – 62.

[149] Rameezdeen R, Rajapakse C. (2007). Contract interpretation: the impact of readability [J]. Construction Management and Economics, 25 (7): 729 – 737.

[150] Revelle, W., & Zinbarg, R. E. (2009). Coefficients Alpha, Beta, Omega, and the glb: Comments on Sijtsma. Psychometrika, 74 (1): 145 – 154.

[151] Riding, R. J. (1997). On the Nature of Cognitive Style. Educational Psychology, 17 (1 – 2): 29 – 49.

[152] Rokeach, M. The Nature of Human Values [M]. New York: Free Press, 1973: 438.

[153] Sagiv, L., Arieli, S., Goldenberg, J., & Goldschmidt, A. (2010). Structure and freedom in creativity: The interplay between externally imposed structure and personal cognitive style. Journal of Organizational Behavior, 31 (8): 1086 – 1110.

[154] Schwartz, S. H. (1992). Universals in the Content and Structure of Values: Theory and Empirical Tests in 20 Countries [J]. Advances in Experimental Social Psychology, (25).

[155] Schul, Y., & Mayo, R. (2003). Searching for certainty in an uncertain world: the difficulty of giving up the experiential for the rational mode of thinking. Journal of Behavioral Decision Making, 16 (2): 93 – 106.

[156] Scott, S. G., & Bruce, R. A. (1995). Decision – Making Style: The Development and Assessment of a New Measure. Educational and Psychological Measurement, 55 (5): 818 – 831.

[157] Shannon, C. E., W. Weaver. (1948). A Mathematical

Theory of Communication. Bell System Technical Journal, 27 (3): 379–423.

[158] Shin, D., He, S., Lee, G. M., Whinston, A. B., Cetintas, S., & Lee, K.-C. (2020). Enhancing Social Media Analysis with Visual Data Analytics: A Deep Learning Approach. MIS Quarterly, 44 (4): 1459–1492.

[159] Sun, W., Zhu, J., & Wang, X. (2023). Do board secretaries influence annual report readability? Pacific Accounting Review, 35 (1): 126–160.

[160] Taber, K. S. (2018). The Use of Cronbach's Alpha When Developing and Reporting Research Instruments in Science Education. Research in Science Education (Australasian Science Education Research Association), 48 (6): 1273–1296.

[161] Verrecchia, R. E. (2001). Essays on disclosure. Journal of Accounting & Economics, 32 (1): 97–180.

[162] Watts, R. L., & Zimmerman, J. L. (1990). Positive Accounting Theory: A Ten Year Perspective. The Accounting Review, 65 (1): 131–156.

[163] Weber, E. U., Blais, A.-R., & Betz, N. E. (2002). A domain-specific risk-attitude scale: Measuring risk perceptions and risk behaviors. Journal of Behavioral Decision Making, 15: 263–290.

[164] Xing, L., Duan, T., & Hou, W. (2019). Do Board Secretaries Influence Management Earnings Forecasts? Journal of Business Ethics, 154 (2): 537–574.

附录一　董事会秘书与信息披露问卷调查

尊敬的先生/女士：

您好！非常感谢您在百忙之中抽出时间参加本问卷调查。本问卷研究的课题主要是关于"董事会秘书与信息披露"，问卷调研的对象是现任或曾任 A 股上市公司董事会秘书的人士。您提供的信息仅为学术研究之用，不会用于任何商业目的及其他用途。数据会作统一处理，我们不会泄露任何关于您个人及企业的信息，请您安心作答。我们将严格为您保密。感谢您的配合！

第一部分　基本信息

1. 您的身份是［单选题］*

　　○ 现任上市公司董秘

*请跳至第 2 题。

　　○ 曾任上市公司董秘

*请跳至第 5 题。

（虽然目前没有担任 A 股上市公司董秘，但曾经担任过 A 股上市公司董秘）

2. 【现任董秘】您所在上市公司的股票代码是：＿＿＿＿＿＿［填空题］*

*填写完该题，请跳至第 3 题。

3.【现任董秘】您在当前公司董秘岗位上（含 IPO 之前）工作时间为_____［单选题］*

　　○3 年以下
　　○4~6 年
　　○7~9 年
　　○10~12 年
　　○13~15 年
　　○15 年以上

*填写完该题，请跳至第 4 题。

4.【现任董秘】若您此前还担任过 A 股其他上市公司的董事会秘书，您曾任董秘的上市公司股票代码有_____［填空题］*

（按实际情况填写。如曾任公司家数超过 3 家，填写近期的 3 家即可，没有的填写"无"）

*填写完该题，请跳至第 7 题。

5. 您曾担任过董秘的 A 股上市公司股票代码为_____、_____、_____［填空题］*

按实际情况填写；如超过 3 家，则填写最近的 3 家即可。

*填写完该题，请跳至第 6 题。

6. 您离开最后一家上市公司董秘岗位的时间是哪一年？_____［填空题］

7. 您在董秘岗位上累计工作的时间为_____［单选题］
　　○3 年以下
　　○4~6 年
　　○7~9 年
　　○10~12 年

○ 13~15 年

○ 15 年以上

8. 您的性别 [单选题]

　　○ 男性

　　○ 女性

9. 您的年龄区间是_____ [单选题]

　　○ 30 岁以下

　　○ 31~35 岁

　　○ 36~40 岁

　　○ 41~45 岁

　　○ 46~50 岁

　　○ 51 岁及以上

10. 您是否还在公司兼任其他岗位？[单选题]

　　○ 是（请跳至第 11 题）

　　○ 否（请跳至第 12 题）

11. 您具体兼任的其他岗位是_____ [多选题]

　　□ 董事

　　□ 董事长/总经理

　　□ 副总经理

　　□ 财务总监

　　□ 战略投资部门负责人

　　□ 法务部门负责人

　　□ 审计部门负责人

　　□ 可持续发展部门

　　□ 其他_____　　请在_____上填写具体岗位

12. 您的学历/学位：[单选题]

○ 大专及以下

○ 本科/学士

○ 研究生/硕士

○ 博士及以上

13. 您当年参加高考时属于_____考生？［单选题］

○ 文科

○ 理科

14. 您取得过以下哪些专业的学历或资格证书？［多选题］

☐ 金融类

☐ 财会类

☐ 法律类

☐ 经济类

☐ 管理类

☐ 营销类

☐ 语言类

☐ 其他人文社科类

☐ 理工科类

15. 在第一次成为董秘之前，您的主要工作经历或工作岗位有_____［多选题］

☐ 财务

☐ 法务

☐ 金融

☐ 投资

☐ 销售/市场

☐ 行政管理

☐ 生产

☐ 运营

☐ 研发

☐ 研究

☐ 其他＿＿＿＿＿＿＿＿请在横线上填写具体工作经历或岗位。

第二部分 生活态度

16. 请您根据实际感受和体会，评估以下各项描述对您个人价值观而言有多重要，在相应圆圈上划"√"。[矩阵量表题]

1 = 非常不重要，2 = 很不重要，3 = 比较不重要，4 = 不好确定，5 = 比较重要，6 = 很重要，7 = 非常重要

	1	2	3	4	5	6	7
平等（大家机会均等）	○	○	○	○	○	○	○
社会公正（消除不公正的现象，扶助弱小）	○	○	○	○	○	○	○
胸怀宽广（能包容不同的思想及信仰）	○	○	○	○	○	○	○
忠诚（对朋友、对集体忠诚）	○	○	○	○	○	○	○
诚实（真实、诚恳）	○	○	○	○	○	○	○
乐于助人（为他人的幸福而工作）	○	○	○	○	○	○	○
成功（达到目标）	○	○	○	○	○	○	○
有抱负（辛勤工作，有理想）	○	○	○	○	○	○	○
有影响力（对人和事务有影响力）	○	○	○	○	○	○	○

17. 下面陈述的是一些观点，这些观点无对错之分。请您根据您对每个观点同意的程度，在相应圆圈上划"√"。[矩阵量表题]

1 = 非常不同意，2 = 有点不同意，3 = 既非同意也非不同意，4 = 有点同意，5 = 非常同意

	1	2	3	4	5
如果他/她真的尝试，就会成功	○	○	○	○	○
逆境是可以通过努力克服的	○	○	○	○	○
每个问题都有解决方案	○	○	○	○	○

续表

	1	2	3	4	5
做好事会有好报，做坏事会受到惩罚	○	○	○	○	○
努力的人最终会取得更大的成就	○	○	○	○	○
不知道如何规划自己未来的人最终会失败	○	○	○	○	○
知识是成功所必需的	○	○	○	○	○
正义终将战胜邪恶	○	○	○	○	○
竞争带来进步	○	○	○	○	○
人人关心政治，社会正义才能维护	○	○	○	○	○
失败乃成功之母	○	○	○	○	○
谦虚的人能给人留下好印象	○	○	○	○	○
小心有助于避免错误	○	○	○	○	○
相互宽容才能建立令人满意的人际关系	○	○	○	○	○

18. 以下题项描述了不同人群的多种工作方式，每种工作类型描述的是人们做重要决策的方式或完成一项重要任务的方式。作为董秘，请您评价这些描述在多大程度上符合您自身的情况，在相应圆圈上划"√"。[矩阵量表题]

1＝非常不正确，2＝有点不正确，3＝有时正确，有时不正确，4＝有点正确，5＝非常正确

	1	2	3	4	5
在做任何一件重要的事情前，我会仔细规划我的行动方案	○	○	○	○	○
我经常追随我的直觉	○	○	○	○	○
如果我感觉某个方式是对的，我就认为那个做事方式适合我	○	○	○	○	○
在我开展一项工作以前，我先收集好所有所需信息	○	○	○	○	○
当我做一些非常重要的工作时，我尽量严格按照我的工作计划行事	○	○	○	○	○

续表

	1	2	3	4	5
通常，在我对该做什么还没有任何想法的时候，我就先开始做起来了	○	○	○	○	○
我一般都是通过系统的、有序的方式做出决定	○	○	○	○	○
当我决定如何行动时，我遵循我内心的感觉和情感	○	○	○	○	○
当我不得不在各种方案之间做出选择时，我会分析每个方案，然后选择最好的那个	○	○	○	○	○
我经常做了一个好的决策后还不知道自己是怎么做到的	○	○	○	○	○

19. 对于以下每一项陈述，请表明您参与每项活动或行为的可能性有多大，在相应圆圈上划"√"。[矩阵量表题]

1=非常不太可能，2=不太可能，3=不确定，4=可能，5=非常可能

	1	2	3	4	5
将年收入的10%投资于一只稳健增长的共同基金	○	○	○	○	○
将年收入的5%投资于一只投机性很强的股票	○	○	○	○	○
将年收入的5%投资于一只可靠且保守的股票	○	○	○	○	○
将年收入的10%投资于一家新企业	○	○	○	○	○

20. 请您根据您在信息披露工作中的实际感受和态度，对下列描述进行评价和判断，在相应圆圈上划"√"。[矩阵量表题]

1=非常不同意，2=不同意，3=不好确定，4=同意，5=非常同意

	1	2	3	4	5
我所做的工作对我来说非常有意义	○	○	○	○	○
工作上所做的事对我来说非常有意义	○	○	○	○	○
我的工作对我来说非常重要	○	○	○	○	○
我自己可以决定如何着手来做我的工作	○	○	○	○	○
在如何完成工作上，我有很大的独立性	○	○	○	○	○

续表

	1	2	3	4	5
在决定如何完成我的工作上，我有很大的自主权	○	○	○	○	○
我掌握了完成工作所需要的各项技能	○	○	○	○	○
我自信有做好工作上的各项事情的能力	○	○	○	○	○
我对自己完成工作的能力非常有信心	○	○	○	○	○
我对发生在本部门的事情的影响非常大	○	○	○	○	○
我对发生在本部门的事情起着很大的控制作用	○	○	○	○	○
我对发生在本部门的事情有重大的影响	○	○	○	○	○

21. 请根据自己的实际感受和体会，用下面 5 项描述对您的工作进行评价和判断，并在最符合的圆圈上划"√"。[矩阵量表题]

1 = 非常不同意，2 = 不同意，3 = 不好确定，4 = 同意，5 = 非常同意

	1	2	3	4	5
大部分时间，我对自己的工作是有热情的	○	○	○	○	○
我对目前的工作相当满意	○	○	○	○	○
在工作中我能找到真正的乐趣	○	○	○	○	○
我每天上班都感觉熬不到头	○	○	○	○	○
我觉得我的工作不令人愉快	○	○	○	○	○

22. 以下是一些有关自我情感、态度和行为的陈述。请仔细阅读每个陈述，看看是否适合用来描述您自己。请逐题在相应的选项（1 = 非常不同意；2 = 不同意；3 = 没有意见；4 = 同意；5 = 非常同意）上划"√"，表明您同意该看法的程度。[矩阵量表题]

	1	2	3	4	5
是聚会中的灵魂人物	○	○	○	○	○
能对他人的情感产生共鸣	○	○	○	○	○

续表

	1	2	3	4	5
能迅速处理好日常琐事	○	○	○	○	○
情绪容易波动	○	○	○	○	○
有着生动的想象力	○	○	○	○	○
话不多	○	○	○	○	○
对他人的困难不感兴趣	○	○	○	○	○
经常忘记把东西放回原处	○	○	○	○	○
很多时候感到放松	○	○	○	○	○
对抽象的观念不感兴趣	○	○	○	○	○
在聚会中和许多不同的人交谈	○	○	○	○	○
能体会他人的内心感受	○	○	○	○	○
喜欢秩序	○	○	○	○	○
很容易感到失落	○	○	○	○	○
对抽象观念的理解感到困难	○	○	○	○	○
喜欢在幕后，很少显山露水	○	○	○	○	○
对其他人不感兴趣	○	○	○	○	○
事情总是混乱且没有头绪	○	○	○	○	○
很少感到忧郁	○	○	○	○	○
想象力不好	○	○	○	○	○

23. 请您根据自己的实际情况，下面描述与您的相符程度进行判断，并在最符合的圆圈上划"√"。[矩阵量表题]

1＝非常不同意，2＝比较不同意，3＝基本同意，4＝比较同意，5＝非常同意

	1	2	3	4	5
简洁明了，迅速地完成文件撰写，并且很容易使他人理解	○	○	○	○	○
在交谈前做充分的准备工作，能够直接解释专业技术问题	○	○	○	○	○
所写的方案经常可以得到他人认同，并且受到积极的反馈	○	○	○	○	○
与听者进行互动，表达重点并简洁明了	○	○	○	○	○

24. 请您根据自己的实际感受和体会，对下面描述进行判断，并在最符合的圆圈上划"√"。[矩阵量表题]

1 = 非常不同意，2 = 不同意，3 = 不好确定，4 = 同意，5 = 非常同意。

	1	2	3	4	5
董秘这个身份对我来说很重要	○	○	○	○	○
我喜欢董秘这个身份	○	○	○	○	○
我以身为董秘为荣	○	○	○	○	○

25. 请您根据自己的实际感受和体会，用下面10项描述对您自身情况进行评价和判断，并在最符合的圆圈上划"√"。[矩阵单选题]

1 = 非常不同意，2 = 不同意，3 = 不好确定，4 = 同意，5 = 非常同意。

	1	2	3	4	5
我不断地寻找能改善生活的新办法	○	○	○	○	○
无论在哪儿，我都会有力地推动建设性的改变	○	○	○	○	○
最让我兴奋的事是看到我的想法变成现实	○	○	○	○	○
如果看到不喜欢的事，我会想办法去解决它	○	○	○	○	○
不论成功机会有多大，只要我相信一件事，我就会将它变为现实	○	○	○	○	○
即使别人反对，我也愿意坚持自己的想法	○	○	○	○	○
我善于发现机会	○	○	○	○	○
我总是在寻找更好的方法来做事	○	○	○	○	○
如果我相信某个想法，那就没有任何困难能够阻止我去实现它	○	○	○	○	○
我能比其他人更早地发现好机会	○	○	○	○	○

第三部分 工作情况

26. 上一年度全年,您与投资者线上或线下交流的次数大约为:_____[单选题]

   如您此前已离职,则可填写您离职前一年度与投资者交流的次数。

   ○ 0~10 次
   ○ 11~20 次
   ○ 21~30 次
   ○ 31~40 次
   ○ 41~50 次
   ○ 50 次以上

27. 作为董秘,您或您所领导的部门(如董办、证券部等)在信息披露事务决策及执行方面具有多大的独立性,在相应圆圈上划"√"。[矩阵单选题]

   1 = 基本没有,2 = 有一些,3 = 有很大,4 = 非常大(大多数时候有独立性,特殊情况下可能受干涉),5 = 完全独立

	1	2	3	4	5
我及我所领导的部门在信息披露事务方面的独立性	○	○	○	○	○

28. 作为董秘,您及您所领导的部门在多大程度上可以主导公司的下列信息披露工作,在相应圆圈上划"√"。[矩阵量表题]

   1 = 基本不能,2 = 有可能,3 = 有很大,4 = 非常大,5 = 完全可以

	1	2	3	4	5
我及我领导的部门可以主导公司日常临时公告的信息披露	○	○	○	○	○
我及我领导的部门可以主导公司定期报告的信息披露	○	○	○	○	○
我及我领导的部门可以主导或推进公司 ESG 报告的信息披露	○	○	○	○	○

29. 您所在的上市公司是否已经单独披露社会责任或 ESG 报告？[单选题]

　　○ 是（请跳至第 31 题）

　　○ 否（请跳至第 30 题）

30. 如否，您是否会推动或说服公司单独披露 ESG 或社会责任报告？[单选题]

　　○ 是

　　○ 否（请跳至第 33 题）

31. 在贵公司内部，此前决定披露 ESG 报告，或后期拟披露 ESG 报告，主要推动者是：[多选题]

　　□ 董事长、实控人或总经理

　　□ 董秘、董办、证券部门

　　□ 战略投资部门

　　□ 公司业务部门，如销售、采购等部门

　　□ 财务部门

　　□ 专门的可持续发展部门

　　□ 其他部门。具体部门为：_____

32. 您推动或打算推动公司披露 ESG 信息，主要是基于哪些原因：[多选题]

　　□ 监管部门引导或要求

　　□ 提升公司品牌和声誉形象

　　□ 公司高质量发展的内在要求

　　□ 增加投资者信心

　　□ 供应商或客户的要求

　　□ 公司理应承担社会责任

　　□ 满足海外投资者或 ESG 投资者需求

☐来自同行业其他公司的压力

☐政府、社区或其他利益相关方的压力

☐其他。具体是：_____

33. 在您看来，公司生产经营过程中，以下利益相关人的重要性程度如何排序？［排序题，请在中括号内依次填入数字］

［　］公司董事长、实控人的利益

［　］外部投资者利益

［　］公司管理层利益

［　］公司员工利益

［　］客户利益

［　］供应商利益

［　］政府、社区、环境利益

34. 相比于薪酬，您认为个人声誉影响在您日常信息披露决策中所占的比重：［单选题］

○更大

○更小

○同等重要

35. 在您担任上市公司董秘期间，是否曾获得过行业自律组织或第三方机构评选的"优秀董秘""金牌董秘"或其他颁发给董秘荣誉？（多选）［多选题］

☐获得过上市公司协会颁发的荣誉

☐获得过媒体等第三方机构颁发的荣誉

☐获得过其他组织颁发的荣誉。具体是：_____

☐没有参加过相关评选或没有获得过相关荣誉

36. 作为董秘，您认为您最重要的工作职责是：［多选题］

☐信息披露

☐ 投资者关系

☐ "三会"管理

☐ 监管关系维护

☐ 市值管理

☐ 投资并购和资本运作等

☐ 公司战略

☐ 媒体关系和其他外部关系处理

☐ 公司可持续发展

☐ 公司治理

☐ 其他。具体为：_____

37. 作为董秘，您认为董秘岗位主要需要哪些能力：[多选题]

☐ 沟通协调能力

☐ 学习能力

☐ 资源整合能力

☐ 数据（如财务数据）分析能力

☐ 行业研究能力

☐ 口头表达能力

☐ 文字写作能力

☐ 创新能力

☐ 信息获得能力

☐ 资本运作能力

☐ 其他能力。具体为：_____

38. 您认为董秘哪些个人方面的因素会对信息披露质量产生影响？[多选题]

☐ 价值观

☐ 专业背景或行业知识

□ 沟通表达能力

□ 文字功底

□ 在公司中的地位

□ 个人认知风格

□ 个人的利益诉求

□ 个人声誉

□ 风险偏好

□ 董秘的工作自主权

□ 过往工作经历

□ 个人的社会关系

□ 其他。具体是：_____

39. 您认为，以下公司内部因素中，对您信息披露工作影响最大的有〔排序题，请在中括号内依次填入数字〕

[ ] 董事长或实控人的支持程度

[ ] 其他董事或高管的配合程度

[ ] 公司内部信息获取的及时和便利程度

[ ] 财务部门的配合程度

[ ] 公司的内控环境

[ ] 公司的体制和产权性质

[ ] 信息披露经费或成本

[ ] 其他。具体是：_____

40. 您认为，以下公司外部因素中，对您信息披露工作影响最大的有：〔排序题，请在中括号内依次填入数字〕

[ ] 外部机构投资者

[ ] 外部中小散户投资者

[ ] 分析师

[ ] 监管部门

[ ] 公司股价表现

[ ] 媒体、股吧等舆情

[ ] 为公司服务的券商、会计师、律师等中介机构

[ ] 其他。具体为：

41. 如果您所在的公司因信息披露违规受到处罚，您觉得对您的影响后果有：［多选题］

□个人声誉受损

□择业受影响

□内部考评受影响

□薪酬或其他收入受影响

□一般违规影响不大，可以接受

□其他影响。具体有：_____

42. 您是否愿意留下您的真实姓名：_____［填空题］

43. 您是否愿意留下您的电子邮箱_____，以获得一份本研究报告？［填空题］

附录二 访谈提纲及回复概要

1. 访谈对象基本情况

（1）A 董秘：李先生，45 岁，法律硕士，高级经济师，2008～2022 年担任某头部民营地产上市公司（深交所）董秘、副总裁，全程参与并主导公司股份制改革、IPO 上市及上市后的资本运作。蝉联五届新财富金牌董秘，是新财富董秘"名人堂"成员和"金牌董秘"评选专家委员会委员。任职期间，公司连续 15 年信息披露获交易所 A 级评价。访谈时为公司副总裁。

（2）B 董秘：杨先生，42 岁，法律硕士，2016 年开始担任某知名快递公司（深交所）证券事务代表、董秘。拥有 16 年的法务、董事会办公室、证券部工作经验，含 9 年大型央企证券部合规管理、投关工作。公司连续 7 年获深交所信息披露 A 级评价。

（3）C 董秘：王女士，47 岁，金融学硕士，某电子类上市公司（深交所）董秘、董事，多家上市公司独立董事。连续多年获评新财富金牌董秘，是新财富董秘"名人堂"成员和"金牌董秘"评选专家委员会委员。所在公司连续十多年获深交所信息披露 A 级评价。

（4）D 董秘：刘女士，39 岁，法学硕士，某千亿制造业上市公司（上交所）董秘。是中国上市公司协会董事会秘书专业委员会副主任委员、女董事专业委员会委员，所在公司同时在港交所上市，为 A + H 股上市公司。近六年信息披露获上交所 A 级评价。

（5）E 董秘：吴先生，47 岁，大学本科，某国有制造业上市公司（上交所）董秘。自 2001 年大学毕业到公司证券部任职，2016 年起任董事会秘书，具有丰富的证券和信息披露事务从业经验。

2. 访谈问答概要

问题一：作为一名优秀董秘，您如何理解信息披露工作的重要性？

A 董秘：信息披露是上市公司也是董秘的"生命线"，公司公开发布的信息披露文件是长期价值投资者作出投资决策的主要依据。对真正善于分析、注重价值的投资者来说，公开的信息披露文件是最核心也是全方位的公司肖像，最好的投资者都是看信息披露文件并且依据公开披露的信息作出投资决策的。对董秘来说，信息披露更是最基础的工作，在董秘的所有工作中权重最高。毕竟，任何东西敢于写在纸面上、以文字方式呈现和回应，是不一样的，信息披露的核心、价值、权威就在于此。

B 董秘：信息披露虽然不直接创造效益和价值，但是对塑造公司品牌形象、吸引大资金大机构有引领作用。作为上市公司董秘，就应该把信息披露的公告文件写好，一是通过信息披露帮助市场发现公司的价值；二是好的信息披露还能引领整个行业发展，例如 2016 年快递行业"三通一达"集中上市时，还没有人研究这个行业，更没有人能把这个行业讲清楚，当我们能把行业讲清楚时，同行、分析师都通过公司披露的信息来学习、理解这个行业。这也是自己作为董秘的意义和成就感所在。

C 董秘：首先从两个维度对"优秀董秘"作出界定。一是监管维度，所在公司连续信息披露评级考核均为 A 级；二是市场维度，作为董秘连续多年被评为新财富"金牌董秘"且已进入名人堂。从这两个维度看，自己作为"优秀董秘"名副其实。其次是关于信息披露的重要性。信息披露是必须守住的底线，是公司和董秘的立身之本，其重要性不言而喻。

D 董秘：信息披露是整个资本市场理解公司，特别是投资者理解公司的重要渠道，而不仅是满足交易所的合规要求。公司要不断去提高信息披露质量，这是让投资者更好地理解公司业务的一种方式。

E 董秘：信息披露一直都很重要，现阶段尤其重要。一方面注册制就是"以信息披露为核心"；另一方面现在信息披露违规的处罚很重，对个人处罚也很重。

问题二：您看重信息披露质量吗？交易所的信息披露质量评级结果对您而言重要吗？如何能知道投资者对公司的信息披露质量是否满意？

A 董秘：非常看重信息披露质量，也非常看重交易所的信息披露质量评级结果。所在公司自 2008 年上市以来一直到最近一期的评价（2022～2023 年）保持全优的评级[①]，"优等生"的称谓贯穿了自己的整个董秘职业生涯。得到交易所的 A 级评价，并非刻意追求，但自从上市后第一年知道有评级并且得了 A，就觉得应该要保持，因为监管部门的评级考核对上市公司来说其实也是压力测试，这对公司的健康和良性发展很重要，可以倒逼和帮助公司更加合规。但是，对投资者的反馈没有过于关注，主要原因是国内的资本市场与国际有很大差别，一些民营上市公司是规范和不忘初心的，但确

[①] 这在 A 股全市场都是稀少的，尤其是作为一家民营地产公司。

实还有一些公司上市的目的是把资本市场当提款机；在当前市场下，如果让投资者来评级或者增加投资者反馈在交易所信息披露评级中的权重还不合适，因为我们的资本市场还有很长的路要走，现阶段中国资本市场还是需要强监管、减少自由度，这并非对中小投资者有歧视。

B董秘：非常看重信息披露质量，也看重交易所的评级结果，评级得A，公司会给董办团队发一笔奖金。交易所评级体现的是公司整体形象，而不只是信息披露做得好，至少包括三层意思：一是公司治理合规有效，二是内控有效，三是信息披露质量高。关于投资者对公司的信息披露质量反馈，坦率地说在国企时，几乎不主动与投资者交流，只是被动等待。而到了民营企业，自己就非常注重这块儿了。B董秘举例说，公司刚上市的前几年，大家对快递行业不了解，他就刻意培养团队，平时收集产业链上下游的资料，收集国家政策文件，收集宏观数据，后来行业分析师都引用或"抄"公司年报，甚至发现其他同行竟然用公司的年报培训新入职的员工，这也充分彰显自家年报的市场价值，从侧面反映了投资者对信息披露的反馈也是正向的。

C董秘：非常看重信息披露质量，交易所信息披露质量评级优秀是自然而然、水到渠成的结果，自己也非常认可交易所的评级结果。能持续十多年信息披露获得A级，至少说明两点：一是公司信息披露确实做得好，二是董秘与监管部门能有效沟通。至于如何知道投资者对信息披露质量是否满意，这在平时和投资者交流的过程中可以感受到，毕竟大家都是"智商在线"的专业人士，可以在同一维度、同样的话语体系下对话，实现同频共振。

D董秘：交易所的信息披露评级可能A股上市公司更看重一些，对D公司这样同时在海外上市的公司来说，即对海外投资者而言，应该是没有太多人会考虑信息披露评级这个维度的，监管评级中考虑的一些维度可能并不是海外投资者关注的，而且监管视角的评价体系里面好像对投资者这一块考虑的是不多的，或者可能是因为这很难量化。所以我们要从监管视角往投资者视角去转变。海外投资者非常重视公司的信息透明度，如果他们觉得公司做得不够好，会很直接地告诉公司"这一点应该讲清楚"。海外投资者更在意公司真正的披露质量，所以他们不会谈这个评级。

E 董秘：非常重视信息披露，包括董事长、集团公司（控股股东）。每年国资委要对上市公司的信息披露进行考核，如果信息披露被监管处分或收到警示函，不但上市公司领导班子要扣分，集团领导班子也要扣分，影响整个集团和公司的年终绩效和工资总额。尽管信息披露评级拿 A 不会加分，但一旦被处罚要扣分，所以上上下下非常重视。至于投资者需求，不太关注，平时也没什么投资者关注公司。

问题三：注册制下，以"投资者需求"为导向的信披要求越来越明确，您是如何做到信息披露的合规性和有效性并重的？

A 董秘：个人更看重合规性。要做到合规，一是董秘自己要有专业和学习精神，把证监会、交易所的规则都吃透、掌握；二是团队搭配也很重要，自己团队里既有法律背景也有财务背景的，这样的专业搭配比较完美。这么多年的总体感受是，上市规则和监管部门严苛的要求对公司是一种保护，如果不上市，可能也会不规范，公司也不可能发展到现在的规模和品牌。A 董秘反复强调其公司董事长的"名言"是"没有任何一个企业因为规范而倒闭"，这对自己的董秘生涯和信息披露影响很大。另外，合规性与有效性其实也并不矛盾，公司也曾收到过监管问询函，公司认真回复，把如何一步步做决策的程序、理由等都在回复中充分表达，记得当时有机构的投资总监看了回复后说,没想到通过问询函"问出了一个优等生",这应该就是信息披露的"有效性"。

B董秘:就如何做到合规性而言,由于自己长期在大央企的证券部工作,而信息披露在央企有非常规范和完整的流程,制度和程序都非常扎实,合规是与生俱来的,这很好地锻炼了自己的职业素养,并将之运用于现在所在的民营企业的信披实践。从个人经验看,大市值的公司较少出现信披违规,因为大市值公司很重视信息披露,在人员配备、组织机制方面都给予充分保障,针对重要专项比如关联交易等都建立专项机制,配备充足的人手也是信息披露不出差错的重要条件,目前其所在公司信披和投关团队有6人,远超过一般民营企业2~3人的配置。相比央企,民企的特点是机制灵活但制度不规范,自己担任民企董秘后,会利用各种机会和渠道比如大大小小的会议、事件以及编写《合规简报》等方式,潜移默化影响公司董事长和高管、灌输合规思想;就信息的有效性而言,自己也非常看重,每年年报的"管理层讨论与分析"花时间、精力最多也是亲力亲为的:一是会花很多时间在前期资料的收集上,包括召集各个职能部门开会,然后进行归纳提炼;二是每年着手写这章的时候,都会把自己关在房间,不让任何人打扰,构思如何写行业逻辑、公司的经营逻辑、管理逻辑、改善逻辑,框架就要想很多天,最后再花2~3天撰写,非常注重可读性;三是写好初稿后再给各部门看,请他们提出建议,比如表述的内容或专业术语对不对、会不会泄露商业秘密等,最后再定稿,非常认真和慎重。

C董秘:首先,"既然享受了资本市场的上市溢价,就应该付出合规的成本",而企业的信息化和数字化水平对合规会有帮助,因为这有助于提升内部信息的可获得性;其次是董秘对董办的领导，比如对董办要有持续的"刻意训练"，建设学习型的董办队伍，这有助于提升信息披露的合规性和有效性，公司每年定期报告审议发布前，董秘都会带领董办逐字逐句地通读和审阅，特别关注站在投资者的语境下写更有可读性、对投资者的投资决策更有价值的年报。

D董秘：并不是上交所给我们评A就说明我们信息披露就真的做得很优秀了。我们要不断地去提升去改变，包括披露的风格、内容要尽可能去满足不同的投资者对信息的需求，以及不同交易所的监管合规要求。比如撰写定期报告的管理层讨论与分析之前，我们都要召集各个业务条线、全球各个区域的负责人开会，了解他们报告期内的经营情况，以及他们对未来一个时期市场业务的预测；像我们的互动易是100%回复的，董办内部要求3天之内必须回复。我们对信息披露的考量，除了合规，除了投资者，还要考虑到公司是全球化经营，特别是一些投资并购的项目，比如说在欧洲或者在其他国家的，还要满足海外监管机构的要求，他们也要看我们的公告，像政府补贴、章程中的一些安排等，需要我们有很高的敏感度。我们整个的ESG信息披露也是董秘主导的。所以全球化经营对信息披露提出很高的"全球化视野"的要求，这与单纯国内上市公司很大的不同。

E董秘：国有企业主要是要做到合规性，满足监管部门的要求最重要。证券部在公司内部有很大发言权、很大自主权，披露文件的定稿，都由证券部决定，公司领导会听证券部意见，按证券部要求做。有效性，现阶段关注得比较少，也没法定量考核，最多是参加例行的业绩说明会、回复互动平台，回复E互动也是能回复的尽量回复，但内部没有要求回复率或及时性指标。ESG报告是国资委和交易所要求做的。

问题四：作为董秘，您认为您身上的哪些个性特征或是能力，对您的信息披露工作影响最大？

A 董秘：第一是价值观，价值观是底线，可以让自己顶住内部外部压力，比如有时会被要求披露或不披露一些信息，董秘必须维护程序公平、秩序公平，价值观也会受到企业文化和氛围的熏陶，自身的风格个性是谨慎稳健的，个人的价值观和企业的价值观也是高度契合的；第二是专业能力和学习能力，自己是法律出身，在公司还分管风险控制工作，学习方面最深的体会是向监管老师学习，一方面监管老师学历高、专业扎实、名校背景，另一方面交易所是分行业监管，每次沟通后都能带回大量行业以及问题企业的信息，包括上下游关联企业的信息，简直就是大型数据库，获益匪浅；第三是沟通能力，一直与监管部门保持非常好的沟通，持续了解监管精神，当然这种沟通是正向、阳光、真诚的沟通，是一种"汇报加学习"的沟通方法。

B 董秘：第一是沟通交流能力、人际关系，包括对内和对外沟通，要和公司其他部门"称兄道弟"，这关系到获取内部信息的通畅度，也要和外部机构如会计师等做好沟通、处好关系；第二是董秘自身的专业度，同时可借助外部力量如专业咨询机构提升专业能力；第三是董秘的知识结构和能力，不仅是合规，还有解决复杂问题的能力；第四是个人的认真和敬业度。

C 董秘：董秘最重要的个性特征，一是要有责任感，二是学习的能力和动力，三是主动性，四是能换位思考或者说是要有同理心。这样才能站在投资者角度考虑问题，比如在写年报时特别注重构建投资者能理解的语境。

D 董秘：第一是严谨和专业，这可能和自己学法律有关，做信息披露大家都怕犯错，一旦犯了错可能就是无法挽回的风险；第二是沟通和协同的能力,董秘应是一个多面手,要协助董事会做决策,也要协调各利益方诉求,这是很大的挑战;第三是学习能力,因为规则在变、市场在变,公司的业务也在变,还有不断涌现的新兴事物,所以对公司、对行业、对规则、对资本市场的理解都会随之而变,需要持续学习。

E董秘:这一点也是我经常和证券部的同事交流的。一是要有财务、金融、法律的专业知识,不一定很精通,但一定要都懂一些;二是责任心。

问题五:您所在的公司,在信息披露质量评级方面表现优异,您认为取得这一成绩的主要因素有哪些?

A董秘:除了前面所说的企业和个人的价值观、向监管部门学习和不断沟通之外,公司内部的机制和人员配备也很重要,配备几个人是几个人的价值,另外董办会设"错题库",确保不能犯任何信息披露方面的低级错误。

B董秘:一是人员配备,看出公司对信息披露的重视,目前公司董办有12人的团队,其中6人从事信息披露和投资关系工作,人多,就算是使用"人海战术"相互交叉复核,也会更不容易出错,团队做得好有奖金激励;二是建章立制,向上管理公司董事长、实控人,每位董事长并不是天然正向的,董秘要引导、影响董事长等"关键少数"团队,对老板也有正向激励;三是声誉约束与激励机制,对董秘来说声誉最重要,要爱惜自己的羽毛。

C董秘:所在公司一直以来信息披露优秀的原因除了前面讲的内部信息的可获得性、董秘的领导力、董秘对董办的刻意训练、与监管等外部机构沟通交流比较好之外,最主要的还有企业的文化价值观,也离不开业务部门特别是财务部门的配合。

D董秘:一是建立了完善的内部信息披露体系,二是需要各个部门的配合，包括财务、内控、数据支持等，各部门都设有专门的信息披露对接人。人员配备上，我们董办在内地是 8 个人，在香港有 2 名工作人员。相比香港的公司秘书，A 股的董秘确实承担了更多的工作内容和责任。香港公司秘书只需要按照交易所的规则和指南，做一些信息披露工作。主要是其监管思路和 A 股很不一样，不像 A 股监管部门"手把手"教大家做什么，他们会尊重商业安排。

E 董秘：一是公司领导的支持，二是监管关系，三是人员配备。目前证券部有四五个人，还有一些辅助的人员，人员上足够。

凭着爱，情怀不老

——代后记

攻读浙江大学企业家学者—新加坡管理大学工商管理博士（DBA）的学术经历，与我在金石资源担任董事会秘书的九年职业生涯，是我人生中最闪亮的日子。这两段经历的珠联璧合，实现了我职业与学术的双重成长：前者赋予我严谨求是的学术作风、系统完善的理论框架，后者让我在资本市场一线感受中国经济的风起云涌，也为我的博士论文写作和本书创作提供了鲜活的实践案例——象牙塔学术思考与资本市场实务经验相互碰撞，最终凝结成这部关于董事会秘书心理特征与信息披露质量的研究专著。

自2016年5月加入金石资源担任董事会秘书以来，我亲历了中国资本市场从核准制到注册制的重要发展阶段。我有幸参与企业IPO的攻坚阶段，见证了公司通过发审委审核、上市敲钟的"高光时刻"，深刻体会到信息披露合规性对上市进程的决定性作用；在后续八年的持续履职中，更全面体察到上市公司董秘这一特殊职位的多维挑战，特别是信息披露的有效性对公司市值、价值的关键性作用。其间虽荣获多项行业殊荣，并常常作为业内导师传播和讲授董秘履职经验，但更多的时候是战战兢兢、如履薄冰，特别是面对资本市场"长牙带刺"、严刑峻法的强监管环境，对自身面临的履职风险更是须臾不敢松懈。我也常常思考：那些"优秀董秘""最佳实践"光环背后，究竟需要怎样的心理特质支撑？信息披露质量提升的深层动因，是否与披露者的心理特征存在某种关联？什么样特质的董秘可能带来更优的信息披露质量？这些问题最终成为驱动我开展本研究的原始动力。

作为在资本市场一线工作多年的实务从业者，我虽然积累了丰富的操作经验，但长期停留在"怎么做"的层面：熟悉信息披露的法规条文，掌握公告模板的应用技巧，却很少深究这些工作背后"为什么"的理论逻辑。这种状态在2020年系统学习DBA课程后发生了根本改变。当我在张连栋教授的《信息与资本市场》课程中系统学习信息不对称理论时，突然意识到：原来日常工作中与投资者的沟通交流，本质上是在缓解市场信息差；那些看似程式化的公告文件，实际上影响着资本市场的定价机制——这些年按部就班的工作，竟与资本市场经典理论有着深刻的内在联系。

这种认识的转变，让我开始用新的视角看待日常工作。课堂上学的理论模型，在实践中找到了生动的印证：在程强教授的课堂上学习"道德风险"和"逆向选择"理论时，我深刻理解了健全市场规则的重要性，当监管制度存在漏洞，掌握信息优势的一方就容易产生机会主义行为，必须通过完善的制度设计来防范信息失真带来的市场失灵、通过规范信息披露来避免"劣币驱逐良币"；分析我国民营上市公司"一股独大"的治理结构时，"委托代理"理论变得格外生动；最让我印象深刻的是，当我以"决策有用性"视角编制定期报告、从投资者需求出发进行"管理层讨论与分析"时，原本零散的数据披露便有了清晰逻辑，那就是以同理心向投资者阐释财务数据背后的公司真实的成败得失。

正是这种理论与实践的双向奔赴，让我逐渐看清问题的本质，也让看似循规蹈矩的平凡工作多了一些被称为"意义"的东西。当接触到"高阶理论"关于"管理者个人特质影响公司决策进而影响公司绩效"的论述时，我的心弦瞬间被拨动，研究灵感悄然而至——作为上市公司信息披露的关键决策者，董秘的心理特征是否影响着公告文本的字里行间进而影响所在上市公司的信息披露质量？这个忽闪而过的念头令我既兴奋又忐忑。兴奋的是围绕"董秘心理特征与信息披露质量"的研究前所未有，在任董秘研究"董秘"更是前所未有，我的研究或可填补这一空白；忐忑的是我能取得足够多的研究样本、这样的研究假设能得到想要的结果吗？

但无论如何，这一选题令我振奋。从此，我的 DBA 学习轨迹始终围绕着这个核心命题延伸，我在各科学习的课堂讨论、课后作业也均以此为中心展开。我由此收获了来自新加坡管理大学的陈霞教授、王榕教授、岳衡教授，以及来自浙江大学的窦军生教授、郎爱其教授等授课老师，从各自擅长领域的不同视角给出的专业建议。这些学术引路人的悉心点拨，让我从最初模糊的直觉猜想，逐渐构建起具有理论深度的研究框架。

获取董秘心理特征数据的研究路径，最终指向了心理学量表的科学应用。这个跨越经济学、管理学与心理学的交叉研究，在初期让我这个"外行人"举步维艰——如何将抽象的"心理特征"转化为可测量的题项？怎样的量表设计才能既符合学术规范又贴近实务场景？正当我在学科鸿沟前徘徊时，社会科学学院的梁嘉怡教授和她的先生邱林教授为我架起了桥梁。两位心理学专家指导我筛选成熟量表、回复我的每一处疑惑，帮助我快速厘清问卷设计上的困惑，并顺利通过伦理审查。

更大的考验来自问卷发放和回收阶段。这一次，我需要利用"职务之便"和这些年在资本市场的"小有名气"，向我的董秘朋友们发放问卷。当我将这份包含 42 个专业问题的"心理测试"发送给同行时，内心充满忐忑：这些管理着几十亿元、数百亿元甚至上千亿元市值的上市公司董秘们，真的愿意花费半小时填写这些"不着边际"甚至有些触碰内心的心理学问题吗？事实证明，资本市场的同行情谊远超预期，我感受到了"天下董秘一家亲"的温暖和荣耀。"问卷星"不断攀升的"填写完成"的提醒，5位资深优秀董秘在百忙之中接受我的深度访谈，大家的积极反馈、坦诚分享与精彩观点，使本研究扎根实务沃土。我想，这不仅是研究数据的积累，更是中国资本市场从业者对知识探索的尊重与热忱。这一次，我深切体会到学术与实践交融的力量。

最充满不确定性又令人心驰神往的当是数据回归和实证分析阶段了。当实证分析结果跃然屏上时，那些深夜伏案的疲惫瞬间消散——数据清晰地显示，董秘心理特征中的价值观、社会公理、风险态度与年报文本可读性显著相关，董秘的认知风格、风险态度以及宜人性、开放性人格特质与投资者互动平台回复率显著相关。更令人惊喜的是，董秘的价值观、社会公理、认知风格、主动性人格以及宜人性、责任感、开放性特质均与ESG信息披露质量显著相关！这些发现印证了最初的直觉：在冰冷的数据和程式化的陈述背后，决策者的心理特征确实在悄然影响着上市公司的信息披露质量。

这份源于中国资本市场实践的研究，收获了超出预期的学术馈赠。独特的问卷数据不仅揭示了董秘个人特质与信息披露质量之间的显著关联，也收集到了关于董秘职群工作满意度、工作自主权、个人声誉、履职环境等诸多来自上市公司一线的信息披露实务观点与数据。凭借此研究成果，我顺利通过了博士论文答辩，并且有幸受邀在中国上市公司协会董秘专业委员会的年度会议上分享发布此次研究成果，受到业界和同行的肯定，让我深切体会到管理研究的真正价值。

在导师团队的鼓励支持下,我决定将研究成果转化为专著出版。这既是对四年研究历程的总结,更期待为资本市场高质量发展提供新视角——当我们在探讨信息披露质量时,或许应当将目光投向那些作为执笔者、发布者的董事会秘书认知特质与决策心理,重视发挥董秘职群对中国资本市场建设和发展的特殊的重要功能。在此,特别感谢韩洪灵导师引荐经济科学出版社,王红英博士以最快的速度、最优的服务帮我推动出版事项,助我实现人生第一本专著付梓的梦想。期待本书能为监管部门优化信息披露考核制度、厘清董秘权责边界、推进董秘职业化建设提供参考,也为奋战在资本市场一线的董秘同仁们提供个人成长与职业发展的借鉴。学术探索永无止境,也愿这份源自实践的研究能成为引玉之砖,唤起更多关于"人"的因素在公司治理中作用的思考。

本书的出版得到我的三位导师以及诸多师友、同事、业内同行的帮助。

特别感恩三位导师的悉心指导:

感谢新加坡管理大学李光前会计学讲席教授、会计学院候任院长张连栋教授。从论文构思、框架构建到细节推敲,张教授始终以前瞻性、国际化的学术视野指引探索方向,以开放包容的治学态度鼓励我勇于创新甚至是有些冒险的探索。

感谢浙江大学管理学院韩洪灵教授。韩教授以敏锐的学术洞察力直指研究薄弱环节,在实证设计与方法优化上为我指明方向,助我走出迷雾。学术组会上的思维激荡,深夜散场时的星月相伴,那些满载收获的时光是我永恒的学术印记。

感谢原新加坡管理大学社会科学学院、现香港中文大学心理学系梁嘉仪教授。在我面对个人特征研究和心理学量表的专业壁垒一筹莫展之时，是梁教授让我打消疑虑，带我初探心理学研究的神奇世界，使论文得以顺利推进。

"当经济学遇到心理学，碰撞出的火花将对个人、管理者和决策者产生深远且富有启发性的影响。"三位导师的经济学、管理学与心理学视角交汇，恰如本研究的多维融合：既有学科特色，亦能交叉融合；立足本土实践，兼具国际视野。

感谢 DBA 求学期间的授课老师们：来自浙江大学的吴晓波、魏江、谢小云、寿涌毅、郭斌、施俊琦、杨俊、周欣悦和厦门大学郑振龙教授，以及新加坡管理大学 Timothy CLARK、王鹤丽、傅方剑和王纪伟教授。每一位教授的课堂都精彩纷呈，令我学有所得。犹记寿涌毅教授在开学第一课的期许——"毕业之时皆能著书立说"，今日斗胆以这份研究成果填补您当年 PPT 课件中特设的留白方格。

感谢研究路上的同行伙伴：浙江大学的董恬媛博士助我厘清实证逻辑，金瑛博士指导数据解读，邹凯博士提供问卷分析支持，刘强副研究员、龚启辉副教授以及帅弟博士、怡丹博士等师友的讨论建议令研究日臻完善。感谢刘菲与王剑老师的督导，以及 DBA 同学们的智慧碰撞，皆为研究注入重要助力。

感谢金石资源平台与同仁：王锦华董事长不遗余力支持我学习，赠书《怎样成功通过论文答辩》承载许多期许，给我莫大鼓舞；证券部、财务部及其他多部门同事的分担与包容，让我工作与学业得以平衡。感谢公司平台，给我实践，予我灵感，让我思考，助我成长。

感谢我的家人和亲友：母亲和兄姐全家的关怀始终温暖如初，自由和谐的家庭氛围塑造了如今的我；先生的全力支持和"纵容"，儿女"望母成凤"的期待，既是甜蜜压力，更是前行灯塔。

感谢经济科学出版社团队的大力支持,让这份学术专著能在第一时间面世,也让我体会到了前所未有过的"出书"的乐趣。

凭着爱,情怀不老。于我而言,专著的出版是"记着过去,留给未来"。学术与实践交相辉映的这段历程赋予我的底气与韧性,指引着我继续前行、不断求索。

戴水君

2025 年 4 月 6 日于杭州